小窓の灯り

わたしの歩いた道

宇佐美 斉

ノア叢書：17

（終章　コリウール）わたしの住んでいたアパルトマンの目の前の「ボラマールの浜」。
左に地中海が広がる。その奥は、ピレネー山脈の東麓。
撮影　ブリジット・アリュー（2024年１月５日）

（上）中央の３階が、わたしの住んでいたアパルトマン。

コリウールの港と城砦と教会の塔。

小窓の灯り——わたしの歩いた道　目次

カバー写真　三野博司
ハート型の明り取り
装幀　森本良成

小窓の灯り——わたしの歩いた道

序章　ハートの灯り

かれこれ二〇年ちかくにもなるだろうか。早朝ウォーキングを始めたのは、還暦を過ぎたころからであった。五時きっかりに家を出て、京都市東山麓の哲学の道を南へ一キロばかり行くと、若王子神社の入口に茂る梛《なぎ》の木（推定樹齢四〇〇年）に至る。そこからさらに南進、永観堂を過ぎて南禅寺の境内へと進み、大門をくぐり抜けて岡崎公園に入る。

ここまでがおよそ三〇分。動物園を過ぎ、府立図書館の手前を右へ曲がって、平安神宮の赤い大鳥居を越えたところで、あとはひたすら二条通を鴨川へと西進する。二条大橋を渡り河原町通に至り、京都市役所東隣り、島津製作所のレストラン前が到達点。万歩計によればおよそ八〇〇〇歩。そこから三十二系統の市バスの始発に乗って、自宅近くまで戻るのである。

知られる通り、京都の夏は暑く、冬は底冷えがする。寒さに対しては、衣類の調節で対策が可能であるし、歩き始めて二〇分もすれば、身体全体が温まってくる。しかし暑さに対しては対策がより難しい。盛夏ともなると、上半身はポロシャツ一枚であっても、平安神宮を正面に見すえる頃には、全身から玉のような汗が吹き出る。帰宅してからのシャワーが爽快であるが、それまでが一苦労である。バスの中はエアコンが効いているので、灼けたトタン屋根の上の猫がいきなり冷水を浴びせられたようで、しばしば不快な思いをさせられる。以上のようなわけで、夏場は少しでも涼しいうちにと思い、この時間を選んだ訳である。

季節にあわせて出発の時間を変更することも可能であるが、一旦決めたら年中その通りに事を運びたいという頑固な性格である。それゆえ冬場は出かけるときは真っ暗であり、LEDの豆電球を点灯した首輪を下げて歩かねばならない。この小さな灯りは、足元を照らすためのものとしてはいささか心もとない。そもそもこれを用いるようになったのは、以下のようなアクシデントがあったからである。晩秋から初冬にかけて、にわかに夜が長くなったころのことである。まだ仄暗い午前六時過ぎ、一条大橋東詰の交差点を青の信号を確認して渡っている途中、橋の方から右折してきた乗用車がいきなり突っ込んできた。あっと驚いて立ち止まった時、間一髪で相手の車も停止して、ことなきを得た。思わず運転席を凝視すると、二十代後半らしき若者が、左手にスマートホン、口にたばこを咥えて、悪びれることなくこちらを見据えていた。首輪の灯りは、足元をほのかに照らすためだけのものではなく、相手にこのよちよち歩きの老体の存在に気づいてもらうための、精いっぱいのアピールなのであった。

ここで話は少し飛躍するが、このペンダントに灯りをつけて暗い道を歩いていると、若い頃の思い出がふとよみがえってきた。二十代の半ばを過ぎた頃、初めてパリに留学して二ケ月ほど経ったある初冬の一日、思い立ってアルチュール・ランボーの郷里シャルルヴィルへと旅立った。パリ東駅からコライユと呼ばれる快速電車に乗って、ほぼ二時間で目的地に着く。せかれるようにして、駅前広場を起点にして、ランボーの足跡を求めて街中を三時間ほど歩き回った。詩人の生家跡、彼がその一角に眠る集合墓地、パリのヴォージュ広場を小型化して模した公爵広場、そしてムーズ川の辺りに立つ旧水車小屋のランボー記念館等々。

記念館を出て、マドレーヌ河岸と呼ばれる小道を横断し、向かい側のランボー家旧居のアパルトマン（現在は市のメディア・センターになっている）を覗くと、驚くべき発見が待ち構えていた。ちょうど百年後の当時も、改装されて住居として使われていたその集合住宅には、詩人居住時と変わらず、わずか数坪の中庭がある。その一角に共同利用の厠が残されていて、古い木造の扉にふたつの小さなハート型の明り取りが、くり抜かれていたのである。わたしは声を出さんばかりに驚いて、携行していたガルニエ版ランボー著作集のページを繰った。La lucarne faisait un cœur de lueur vive / Dans la cour ……（明り取りは中庭に輝く光のハートを投げかけ……）。初期詩篇「初聖体拝領」第六パートの一節である。

しばらく立ちつくして、そのからくりに推理をめぐらせた。得られた結論は以下のようなものだった。夜間は使用のたびに厠内に持ち込まれる蝋燭の光が、ハートの形の明り取りから外にもれ、逆に昼間は外から日光が厠内に差し込む仕組みだったのだろう。これなら「初聖体拝領」の描写ともピタリと一致する。

それまで目にしてきた内外のどの注釈書も、この「明り取り」に言及しているものはなかった。わたしは文学研究における現場の力というものを、この時から深く肝に銘じるようになった。後年、角川書店の〈新編中原中也全集〉や筑摩書房の〈立原道造全集〉の編纂に、編集委員のひとりとして携わったときも、多少ともこの経験が生きたのではないかと思っている。

話が少し先走ってしまったので、時間をもとに戻す。長年続けてきたこのウォーキングも、昨秋のある霜の朝、岡崎公園遊歩道の石に躓いて俯けに転倒し、縁石に顔面を痛打して唇を切る大怪我をして以来、いささかその継続が怪しくなってきた。それ以来は、足腰の衰えを自覚して、思い切って距離を半分にし、コースも変更して、なるべく凹凸のない平坦な舗装路だけを歩くようにしている。哲学の道なども、所どころ土に埋まった石ころが斧のように牙を剥いていたりするので、そのあたりは極力避けて迂回するようにしている。

小さな「明り取りの窓」に導かれるようにして、ずいぶんと歩き続けてきたものである。数え年ならぬ満の八十路に足を踏み入れて、はや一年。いたずらに歳を重ねたことへの反省は不問にして、「思へば遠く来たもんだ」（中原中也「頑是ない歌」）と呟くと、いつの間にかそれが、半世紀以上も前に流行った海援隊・武田鉄矢の歌の一節にすり替わっているような按配である。

振り返れば、みずから目標を定めて一途に歩んだ道とは言えそうにない。数え切れないほどの偶然と、いくつかの目に見えない必然とが、複雑に絡まりあって、岐路にさしかかるごとに、折よく天啓のようにひとつの指針が示され、「この道を行け」と目の前に提示されるのを、おぼつかないながらも、さほど迷うことなくその都度たどって来た結果であるように思われる。今になってみれば、それが曲がりなりにも固有の軌跡となって描かれるさまを、歳月の霞を通してはるかに見てとることが出来るだけである。

ただ振り返ってみれば、一度だけ大きな岐路に佇んだことがあったように思う。それは父が不惑の年になってサラリーマンを辞めて始めた生業の米屋を、長男であるわたしが継がなかったことである。高校に進学校を選び、京都の大学へ進むことを決めた時も、自分なりに真剣に考えたつもりだったが、父母の理解の方がはるかに大きく、それを悩みとして感じること少なく、むしろ優しく励まされているように勝手に受け止めていたのである。

総じて「自らの意思による選択」と「偶然あるいは他者により示唆される、または導かれる選択」とがあるとすれば、わたしの場合は後者の方が圧倒的に多い。「流れのままに」といえばいかにも人生の達人のようであるが、ただ怠慢であっただけで、よくいえば自己に無理を強いること少なく、比較的に素直な生き方をしてきたのではなかったか、と思う。そのせいかどうか、わたしには大きな挫折を味わった経験がない。転んでもまた立ち上がる訓練を充分に経ていないから、強靭な精神力には恵まれていないのかもしれない。別な言い方をすれば、わたしには偉人たちにつきものの、あの「遍歴時代」というものがない。そんなわたしのようなものの書く回想録に、面白みのあろうはずもない。

したがって、これがひとさまに興味のあることであるかどうかということについては、まったくもって自信がない。ひとりよがりの、いわば自分勝手な「冥土のみやげ」でしかないのかもしれない。あわよくば三途の川を無事に渡りきるための「道しるべ」ともなれかし、記憶をかきたて、かきたてして、何とか無事に書き終えられたら、と願うのみである。

第一章　つむじ曲がり

一般に回想録ということであれば、当然、幼少年期あたりから始めるのが順当であろう。世界の文豪を引き合いに出すのはおこがましいけれど、例えばトルストイの作品の中で、どれが一番面白いかと言われれば、わたしは『戦争と平和』や『アンナ・カレーニナ』ではなく、ためらうことなく『幼年時代』と『少年時代』をあげるだろう。ひとりの人間が生涯を通して何を考え、どのように生きたか、それを占うすべての素因は幼少年の時代にある、と確信するからである。

ちなみにわたしがむかし愛読したのは、昭和二十年代の後半に流布した、米川正夫訳の岩波文庫版である。書庫を探してみたが、十度あまりも繰り返した宿替えのせいであろう、どうしても見つからない。同じ文庫の藤沼貴による新訳を取り寄せて読み返してみた。あらためて確信したのは、トルストイの自伝は、その虚構の始まりであったということである。彼は自身の過去を語ろうとすることによって、虚構への道を切り開く物語の要諦を学んだのに相違ない。歴史として自己を見つめることと、虚構を構築することとの間には、深いつながりがあったはずであり、そこにこそ小説家の誕生があった、という事実は明らかであろう。

もとよりわたしは小説家ではないのであるから、この虚構への道はあらかじめ厳しく封印されてしかるべきだろう。それに、ここでひとたびわたし自身の幼少年の時代に思いを巡らせ始めると、たぶんわたしに残された時間と能力に鑑みて、途中で挫折する恐れなきにしもあらずである。そこであらかじめ期間を限定して、論語のいわゆる「志学」から「天命」までの期間、これを平均寿命の延びた現在に換算して、十五歳から六十五歳あたりまでの「半世紀」を視野に入れて、気ままに振り返ってみたいと思うのである。

もっともいきなり十五歳からというわけにはいかない。やはり物語はその数年前の「物心がついた頃」から始めるのが順当であろう。わたしにとって文学への目覚めというものがあったとすれば、十代の前半、つまり小学校六年生から中学校二年生頃までの数年間の出来事と、無関係ではあり得ないと思うからである。

というのもつい最近、偶然のことから、わたしが中学一年の時に学校の機関誌に書いた一文が、見つかったからである。六〇年以上にわたって念頭に浮かぶことすらなかった、わずか一ページ（ほぼ一〇〇〇字）の拙い短文は、「意地」と題されている。

《僕は元来非常に意地張りであると人に言われている。僕自身も実際そう思っている。なるほど内村鑑三が『後世への最大遺物』で言っている通り、僕のつむじ髪は曲っている。この意地張りのために僕はどれだけ損をし苦しんだことであろう。この意地というもののない弱い世界の中で。》（名古屋市立昭和橋中学校機関誌「昭和橋」第三号、昭和三十一年三月十五日発行）

このいささか高飛車な書き出しからは、生意気盛りの少年の気負いがうかがわれるかも知れない。キリスト教徒でもないのに、いきなり内村鑑三などという名前を持ち出す衒いには恥じ入るばかりである。しかし一言この少年のために弁明しておけば、鷗外、漱石、龍之介の主要作品をすでに読破したつもりでいた本人からしてみれば、必ずしも自身の読書量をひけらかす機会と思ったわけでもなさそうである。比較的平易な言葉で語られる内村のこの講演録（『後世への最大遺物』）に、「つむじ曲がり」のエピソードが現れるのは、岩波文庫版の終わり近くになったあたりである。

《関東には良いものがだいぶたくさんあります。関西よりも良いものがあると思います。関東人は意地ということをしきりに申します。意地の悪い奴はつむじが曲っていると申しますが毬栗頭にてはすぐわかる。頭のつむじがここらに（手真似にて）こう曲っている奴はかならず意地が悪い。人が右へ行こうというと左といい、アアしようといえばこうしようというようなふうで（以下略）》

いま読み返してみると、磊落な語りを彷彿とさせるくだりである。この歳になったいまでも、鮮やかに記憶しているほどであるから、子供心にもよほど印象深かったのであろう。抹香臭い説教とはほど遠いところが気に入ったのかもしれない。内村はここで逆説的に「正義のために立つ少数者」を讃えているわけである。自分もその少数者であればいいと思ったのかどうか、何度も毬栗頭を手鏡に映してみたが、自分のつむじに異常があるかどうかは、ついに要領を得なかった。

なお「つむじ曲がり」について、先日、行きつけの散髪屋に聞いてみたところ、わたしのつむじは左回りで、特に変わったところはないそうである。右回りだろうと左回りだろうと、つむじの位置は大方のひととほぼ同じ位置にあり、今のところ完全に禿げているわけではないので、別に異常ではない、安心しろ、とのことであった。散髪屋が困るのは例えばつむじの位置が向かって右の後頭部にある場合で、七三に分けるときに苦労するとのことであった。思春期の思い込みというものは恐ろしいものである。

これに続けてわたしが書いていることについては、長い間すっかり忘れていたが、いま読み返してみると、微かながら思い当たることがある。

《僕が小学四年の時の事である。その時の僕らの先生は女教師であった。その先生が教室に入って来られると、騒いでいた僕らは先生の怒った顔を見て急に口をつぐんでしまった。先生は予想通り僕らを厳しい言葉で折檻された。それから悲しそうな顔をして黙ってしまわれたのである。一時間もこんな沈黙が続いた。その途中である。皆は先生が授業をしてくれないのなら自習をしようと考えたかして、その時の科目であった国語の本を読みだしたのである。僕はそれでもじっと下を向いたまま、母にねだって買ってもらったボールペンをいじっていた。やがて授業終了のベルが鳴ると先生はこう言われた。「皆さんは国語の本を読んでごまかしましたね。しかしこの中のひとりの人はごまかしませんでしたよ」。そう言ってちらりと僕の顔を見るとそのま

ま出ていかれた。》

仮にEと呼ぶこの先生は、年の頃四十代の半ばあたりではなかったかと思うが、いつも比較的地味な服装をしておられて、学校から徒歩一〇分ほどの距離のところに独り住まいをしておられた。終戦後一〇年を経ない時期のことであったから、その暮らしぶりや日頃の佇まいに、戦争が何らかの影を落としていたであろうことは、充分に考えられることである。

具体的なことはいま思い出せないが、この先生をからかったり困らせたりするようなこと、おそらくは結果的にその尊厳を傷つけるような、たちの悪いいたずらを、餓鬼大将とこれに従う数人が主導し、結果的にクラスの全員が同調するような形で、仕出かしてしまったのであろう。わたしの記憶に誤りがなければ、先生の下の名前が「兼（かね）」というものであったので、それに引っ掛けて他愛もない冗談を、別に深い考えもないままに言いあって喜ぶものたちがいたのではなかったかと思う。

自分ひとりだけ先生に気に入られようなどという下心が、当時のわたしにあったはずもなく、殊勝な反省をして見せたわけでもなかろう。おそらくクラスの同調圧力に屈した自分自身に嫌気がさして、わたしにできる最低限の義務として、ひとり小さな

「意地」を貫き通したのではなかっただろうか。

しかしそれだけでは、なぜ中学一年になってこの逸話を改めて取り上げたのかの説明はつかないだろう。この短文の後半に以下のようなことが記されているのを読んで、われながらいささか驚いたのでそのまま引用する。

《思えば僕の小学時代は淋しい一人ぼっちの生活であった。友達といってもほんとうに親しんでいける友はおらず、漫画と小説を読むのが、僕の唯一の楽しみだったのである。なぜ僕に友達がいなかったのであろうか。皆が僕という人間が嫌いであったのであろうか。いや、それは僕が人の機嫌をとることをせず、意地の欠けた彼らを好かなかったからである。》

いささか唐突な告白であるが、孤独を訴えるあまり、この記述には多少の誇張が含まれているように思う。当時のわたしに友だちづきあいがまったくなかったわけではなく、親しい友人たちと競い合うようにして鳩を飼っていた時期もあり、運河通の倉庫群に潜り込んで、その餌となる玉蜀黍の実を拾いに出かけたりした記憶もある。大島渚監督がそのデビュー作「愛と希望の街」で、鳩を売る少年を描いたのは、それからわずか数年後のことであった。

また気心の知れた八人ばかりで自転車の隊列を組み、国道一号線を西に十数キロほど走り続け、伊勢湾へと並行して流れる濃尾三川のうち、木曽川のさらに西を流れる長良川と揖斐川の背割堤「千本松原」にまでたどり着く、ささやかな「冒険」を試みたこともある。幕命による工事のため薩摩藩士たちが払った尊い犠牲を記す「宝暦治水碑」を確かめた上で、ようやく帰路についた時は、鈴鹿の山並みに早くも日が落ち、心細い思いをしたことを覚えている。

ところで実は「意地」と題するこの短文の裏には、もうひとつの告白が隠されている。故意に嘘をついたわけではないが、必要な真実を言い落としたのであれば、わたしは不正直の咎を免れないだろう。わたしがここで本当に言わなければならなかったことは、小学校五、六年生の時の担任で、当時二十六、七歳の若い男性教師との、抜き差しのならない葛藤であった。

仮にA先生と呼ぶその教師は、食べ物の好き嫌いが激しく給食を食べ切らないわたしを、厳しく責めあげた。言葉だけではなく、わたしよりも腕力のある男子生徒たち数人を使って、無理やり教卓の前に連行し、その上に仰向けに押さえつけ、生徒全員の目の前で強引に口をこじ開けて、無理やり食べさせようとした。わたしは断固として呑み込むことを拒んだが、このような仕置きは数十日にわたって続いた。

小学校の給食に関しては、わたしの記憶では、六年生になってから始まったもので、低学年の頃にはなかったように思う。『近代日本総合年表』（岩波書店、一九七八年、第2刷）によれば、「学校給食法」が公布されたのは、一九五四年（昭和二十九年）とあり、まさしくこれと符合する。食糧難のため児童の栄養状態が悪化していたことが、その要因であろうが、この法令こそは、わたしにとって途方もない厄災なのであった。

六年生になって始まった給食のメニューは、米軍支給のミルク（脱脂粉乳）、トマトシチューなどが主たるもので、ときおり鯨肉の竜田揚げなどが加わった。わたしが教卓の上で口にねじ込まれたのは、多分これに類する揚げ物ではなかったか。今日では明らかに「虐待」としか考えられない、連日繰り返されるこの教卓の儀式に、わたしの心は何度も折れそうになった。いや、心だけではない。肉体的にも痛手を被った。泣き腫らした目を汚れた手で何度も拭うので、悪性の結膜炎を患い、以後二年余りの間、眼科に通院することになったのである。

過度に食べ物を選り好みすることの罪については、大人になってからのわたしの理性は充分に反省を促す。ある縁戚から「軍隊で飢えを経験したらすぐに治るよ」と言われ、ぐうの音も出なかったことがある。しかし生理的に受け付けないものは如何ともし難いのであった。

このA先生については、かつて石川啄木について書いた一文の中で、少し詳しく触れたことがある。その冒頭の部分のみをここで引用してみよう。

《(小説「雲は天才である」において、日本一の代用教員を自負する青年を主人公として描いた)啄木について考える時、必ずといっていい位に思い出されるひとりの人物がいる。それは小学校五、六年生の時の担任の教師で、年齢は確か二十六、七歳であったはずだ。くわしい経歴は知る由もないが、そのころ見聞きした事実の断片をつなぎあわせて考えれば、旧制中学を卒業後予科練に入り、中途で終戦を迎え、その後検定試験を受けて小学校の教師になったと思われる。図工が専門であったが、もとより小学校であるから、家庭科いがいは何でも教えた。絵は彼一流の抽象画で、常識に従って物の形を線でなぞるとこっぴどく叱られた。みずからスパルタ教育と称して、雪のちらつく厳寒の日に数キロをマラソンさせたり、真夏の炎天下、校庭にマットを持ち出して長時間、跳び箱をさせたりした。

《今から考えるとずいぶん矛盾した言動もあったようで、例えば一方で戦後民主主義の理念を熱っぽく説いたかと思うと、他方では「軍艦マーチ」や「海ゆかば」などを私たちに歌わせ、軍隊とりわけ海軍の規律とその鮮烈な闘いぶりを讃美したりするのであった。私は、授業中あくびをしたからといって、冷たい水を張ったバケツの中に両手を長時間突っ込ませたり、姿勢が悪くなるからといってズボンのポケットを縫いつけさせたり、規律を乱したからといってやたらと往復ビンタをくらわせるこの教師の横暴と独裁に、憤りを覚えないではいられなかった。しかし他方では、今から思えば異常なほどの執着をもって私たちを可愛がった彼に、理屈とは別の奇妙な親しみをも抱いていた。》（「石川啄木――ロマンティークのゆくえ」、『詩人の変奏』所収、一九九二年、小沢書店刊）

話を給食事件に戻すと、心配した母が先述のE先生のところへ相談に行くと、E先生はすぐさまA先生のところへ行って、言葉を尽くしてとりなしてくださった。「生徒の健康を思う先生のお気持ちはよくわかるが、少し長い目でみてやって欲しい、いつかは自分で気がついて食べられるようになるかもしれないから」、と。恥を忍んで言わなければならないが、八十を過ぎた今でも、わたしの偏食は基本的にはなおっていない。わたしはビーガンでもなければ菜食主義者でもないが、鳥や獣の肉だけは未だに苦手なのである。

いずれにせよ、伝え聞いたこの時のE先生の仲介の言葉は、いまもって忘れられない。まさに地獄からの生還であった。先ほどその一部を引用した、E先生の怒りと悲しみに共感を覚えつつ語ったわたしの拙い一文は、二年後のこの出来事と決して無関係ではあるまい。後者すなわち給食に関わる一連の出来事があったからこそ、前者についての記述が生まれたのであろうことは推測に難くない。

ただ当時は、両者を結びつけて自身の深層心理までを闡明《せんめい》して語るだけの言葉を持たなかっただけのことである。そのためにかえっていま読み返すと、不思議な縁を感じずにはいられないのである。かつてクラス全体の同調圧力に抗して、たまたまわたしが試みたささやかな態度表明が、E先生に多少ともつよい印象を残したとすれば、このふたつの出来事はしっかりと結びついていた、と考える余地があるからである。

E先生は母から相談を受けた時、四年生の時のあの日の出来事をすぐに思い出されたのであろうか。そうであればうれしいという気持ちがある一方で、そうでなくてもあの先生の優しさと叡智には変わりがなかったに違いない、との思いもある。そのように考えると、わたしのうれしさと喜びは、どちらであっても甲乙つけがたい気がするのである。

A先生とは、その後二〇年ほど経ってから和解した。仲介の労を取ってくれたのは、鳩を飼う少年の仲間でもあり、また千本松原まで一緒にサイクリングをしたあの冒険者たちのひとりでもある恒川修身君であった。地元で製麺会社の社長をしていたが、惜しくも二〇一一年八月に亡くなった。中学校ではバレーボール部で活躍し、社会に出てからは困った人の手助けを進んで引き受けた、いわば男気のある人物であった。

A先生はその後、自作の油絵（暗い色調の林檎を描いた静物画、なぜか抽象画ではなかった）を送って下さったり、またわたしがある出版物で賞を受けた際には、新聞を見たと言って早速お祝いの電話をかけて下さったりした。また母によれば、わたしのいない時間を選んで何度も家に来て、あの頃の「行き過ぎた指導」を詫びられたそうである。傘寿を前にして亡くなった際に、ご遺族にお悔やみの手紙を送ったところ、ご息女から丁寧な書簡が届き、その中にこんなエピソードが記されていた。先生のご一家が京都に旅をして、哲学の道を散策しているときに、先生が途中で立ち止まって、「確かこの辺りに教え子の宇佐美君が住んでいるはずだ」と言われたそうである。お嬢さんが、「住所がわかっているのなら、ちょっとだけでもお寄りしてみたら」というと、先生は少し考える風で、「いや、前触れもなく急にお邪魔するのはやめよう」と答えられたそうである。思えばわたしの方で完全にはわだかまりが解けず、知らず識らずのうちに築いていた壁のようなものを、先生の方でも敏感に感じ取っておられたのかも知れない。

第二章　昭和橋

　ここで、わたしに「書く」こととこれを活字にして「公表」することについての、ささやかな自覚と経験を与えてくれた、中学校の機関誌「昭和橋」について触れておきたい。誌名となった「昭和橋」は、中川運河にかかる橋の名前であり、わたしが学んだ名古屋市立の小学校と中学校の校名でもある。わたしはこの年刊誌の三号から五号まで、毎号にわたって寄稿している。三号についてはすでに述べた通りであるが、四号には「随想　私の日記より」と題して、二ページにわたるエッセーを発表している。内容は、年末から新年の一月六日までの所感を述べたもので、中に「死せるもの二つ」と題する詩篇が含まれている。また五号には「道」と「春」と題する短詩二篇が載っている。

わずか五〇ページばかりのこの小雑誌は、表向きは生徒会の発行になっているが、実際には三人の顧問の先生が深く関わっていたようである。そのうちのおひとりが英語の野田秀三先生で、二年生の時は担任としてお世話になった。三号にはゲーテの「ミニヨン」を訳して、巻末に小さな「職員」枠を設けて、つつましやかに寄稿しておられる。『ヴィルヘルム・マイスターの修業時代』に、少女ミニヨンが歌う四つの歌が含まれているが、野田先生訳は、鷗外の『於母影』で有名な第一の歌ではなく、第四番である。シューベルトの歌曲でも知られるから、おそらく歌詞を意識して訳されたものだろう。

「あこがれを知るもののみ／わが悩みを知る！／ただひとり／なべての歓びを絶たれ／空のかたを／うちまもる。／ああわれを愛し知るひとは／遠いかなた。／ひとみくるめき／わが心燃える。／あこがれを知るもののみ／わが悩みを知る！」

詳しい経歴は知るよしもないが、地元のある大学のドイツ文学科を出て、英語教師をしておられたのではないかと推測する。わたしが「訳詩」というものに興味を抱いて、上田敏の『海潮音』や永井荷風の『珊瑚集』などを愛読するようになったきっかけは、おそらくこの先生からの影響ではなかったか、といまでは思っている。

もうひとり、中学三年の時の担任で数学を教わった成田高人先生も忘れられない恩師である。教え方がうまく、特に幾何の問題の解き方などは、黒板をみていると美的といってもよかった。高校へ上がってからも数学は好きであったが、その基礎はこの先生との出会いにあったように思う。

わたしには、年齢で言うと「年子」であるが、学年で言うとふたつ上の姉がいて、やはりこの成田先生に担任としてお世話になった。彼女はかつての演劇少女で、小学校六年の時に眞山美保作の「泥かぶら」の主演を務めたり、NHKラジオで白秋の詩を朗読したりした経験があった。そのせいもあり、中学校の演劇部顧問の成田先生や、先述の野田先生からも注目していただいていたようである。姉は中学を卒業する際に、野田先生からゲーテ作の四行詩「いましめ」の訳に、卒業生に贈るはなむけの言葉数行を添えた紙片を授けられて、いまも大切に保存している。わたしは多少ともその姉の七光りの恩恵をこうむっていたのかも知れない。

さていまから考えると、この「給食という地獄」の体験とそこからの「生還」が、わたしの読書経験と文学への関わりに、大きく作用していたことは疑い得ない。一例をあげると、中学一年生の頃のわたしの愛読書は、ヘルマン・ヘッセの『車輪の下』

（高橋健二訳、新潮文庫）であったが、主人公ハンスの過酷な体験が自身の「受難」と二重写しになったからに他ならない。同じころ、日本の戦後作家の中でとりわけ椎名麟三の作品につよく惹きつけられたのは、一体どのような経緯からだったのだろう。いかにも子供らしくない選択であるが、『深夜の酒宴』、『永遠なる序章』、『邂逅』、『自由の彼方で』などに、読み耽ったものである。

いまでもつよく記憶に残っているのは、『永遠なる序章』の主人公が、冬の日の夕暮れ、お茶の水の橋の上で茫然と佇んでいる場面である。戦争で片足を失い、義足をつけた、身寄りのない労働者である砂川安太は、つい先ほど病院から出てきたばかり、医師から肺結核と心臓の重い疾患を宣告されたところである。恵まれない環境に育ち、おまけに敗戦国の不幸を一身に背負ったかのようなこの男に、少年期のわたしは、どうしてそれほどまでに感情移入してしまった、というのであろうか。

思えば、昭和十七年生まれのわたしにとって、この人物像は決して無縁の存在ではなかった。戦後一〇年ほどを経た当時も、盛り場や神社仏閣の縁日などで、義足をつけた白い服の傷痍軍人が、わずかな施しを求めて立ち続けていた。また中川運河の岸辺には、黒褐色に錆びた小型の軍艦が、長い間、放置されていたりもしたのである。

さらに補足しておくと、わたしは名古屋の大須観音の裏門前界隈に生を受けたが、終戦数ケ月前の名古屋大空襲によって、続けさまに二度にわたり「焼け出された」経験を持つ。二度の罹災のうちの一度などは、二歳半のわたしを背負った身重の母が、四歳の姉の手を引いて防空壕へ飛び込んだ直後に、空中でばらけた焼夷弾の一発が、入口付近に着弾して炎上したそうである。終戦は愛知県海部郡祖父江町（当時）の疎開先で迎えた。

もっとも、こうした悲惨な体験は、いずれも物心のつく前の幼児期のことであったから、父母から繰り返し聞かされたことにより、間接的に記憶しているに過ぎない。しかし空襲警報に怯える夢を十代の半ば頃まで見ることがあったから、こうした幼児体験が成人してからの心理面に影響を及ぼしたであろうことは、否定できないだろう。何れにしても、「平和」の尊さを身にしみて識ったことが、その後のわたしの行動に多分に影響したであろうことは間違いない。ウクライナ戦争や、パレスチナでの終わりのない殺戮の抗争を、ニュースで見聞きするごとに、わたしはこの自身の経験を、心身の痛みを伴って思い出さずにはいられない。人間はどうしようもないほどに愚かであり、ついに歴史から学ぶことを知らないのであろうか。

思えば、子供ながらにそのような歴史的な経験を背負い、しかも給食にまつわる「地獄からの生還」を果たしたばかりのわたしは、『永遠なる序章』の主人公砂川安太の過酷な体験の物語を、まるで疑似体験でもするかのような真剣な思いで、読み耽ったもののようである。

《安太は、ほっと吐息をついた。するとその彼に、昔身投げをしたときのことが思いうかんでいる。そう、それは十六のときだった、と彼は考える。するとそのときの感覚が、ありありと彼の肉体によみがえっている。それは思いがけない新鮮な感覚である。少年の彼は、息がつまってもがいた。それでいながら、彼は、水の中が夜だというのに昼のように異様に明るいのを見ていた。しかもその明るさは、やわらかなあたたかい諦めに似た平和を、自分の身体中に沁み渡らせていた。全くそれは思ってもみない新鮮な感覚だった。しかし次の瞬間には気を失っていたのだが。》

椎名麟三は、「生きることの壁」と題するエッセーの中で、「小説はその作家の全存在を要求する。別にフロイトを持ち出すまでもなく、その作家の無意識の領域から深層心理までその創作に参加しているらしいことを考えればわかることだ。」と述べ、その一例として「あの幼児の記憶というやつ」を言挙げしている。十三、四の少年の目から見ても、この作家の書くものは少しも観念的ではなかった。そのために、彼の次のような言葉の真実性が、当時のわたしにもそのまま信じられたに違いないのだ。「私は、ニーチェにはじまる実存哲学の系譜を片端から読んでいたのだ。いいかえれば生きる根拠を求めていたからである。」

椎名に導かれて、野間宏の「暗い絵」や梅崎春生の「日の果て」など第一次戦後派の作家たちの作品、そしてドストエフスキーの『罪と罰』と『カラマーゾフの兄弟』へと導かれた、と言っていい。和製実存主義者などと呼ばれた椎名の影響はこれに止まらなかった。そこからさらにサルトルそしてカミュの翻訳作品へと手を伸ばしたのは、ことの成り行きからして、しごく分かりやすいことであった。

第三章　古出来町

一九五八年（昭和三十三年）の春に、名古屋市東区古出来町（現出来町）の愛知県立旭丘高等学校へ進んだ。入学後ほどなくして眼鏡をかけるようになったが、おそらく例の悪性の結膜炎に受験勉強と読書が重なった結果であったのだろう。読書といえば、二年生になる頃には、ニーチェ、キルケゴールの主要作品、そして人文書院版のサルトル全集の既刊分を、どこまで理解していたかはともかく、物理的にはすべて読み尽くしていた。「投企」projetという概念と深く結びついた「実存は本質に先立つ」（『実存主義とは何か』）という言葉が、わたしの行動指針となった。

最初のきっかけは、一九五九年夏の原水爆禁止を訴える平和行進への参加であった。折しもその年の九月二十六日から二十七日にかけて東海地方を襲った伊勢湾台風が、わたしをさらなる社会参加（アンガージュマン）へと後押しした。死者・行方不明者五千数百名、負傷者四万名、家屋全壊三万六千戸、同半壊十一万三千戸、同流失二千四百戸、同浸水は三十六万三千六百戸。田畑や船舶の被害も甚大であり、被災者総数は百五十三万三千名に及んだ。

わたしの家も風水害に見舞われた。氾濫した中川運河と庄内川から大量の水が押し寄せ、周辺の道路はことごとく冠水し、米屋の店内にも侵入して精米機が使えなくなった。居住部分は盛り土がしてあったので、幸い浸水の被害はなかったが、床上浸水の被害にあった近所のひと十数人が、わが家に緊急避難してこられ、母は食糧や寝具の確保にてんてこ舞いの奮闘をした。浸水の被害にあっていない玄米の袋はあっても、精米ができないので当座の役には立たなかった。わたしは水が引くまでの数週間、運河通りのバス停まで筏に乗せてもらって通学した。そして下校時に、新出来町の米屋で一〇キロほどの精米を求めて帰ったことを覚えている。同じ名古屋市でも、北東部は風の被害はあっても、浸水の被害はなかったから、まるで別世界のように感じたものである。

わたしは当時「オリーブの会」という名の同好会に所属していた。誘ってくれたのは、故・赤座達也君（俳優・赤座美代子の兄）だったと思う。政党・セクト色をいっさい持たない「反戦・平和」を唯一の旗印にした、出入りの自由な集まりである。これを主導したのは、すぐれて指導力のある平川俊彦という生徒会長（わたしより一年先輩）であったが、彼を中心とする有志たちが語らって、小牧空港での支援物資の積み下ろし、南区の泥に埋まった小学校の校舎でのヘドロの掻き出し作業などに、小型トラックに乗って数度にわたって出かけた。わたしは自身の経験と引き比べ、濁流が一瞬の間に数千名の命を奪ったこれらの現場に立って、初めてこの災害の未曾有の規模を思い知ったのである。

今になって考えると、こうしたボランティア活動が、生徒たちの自主的な判断だけでなされたものとは思われない。学校側が黙認した背景には、「オリーブの会」の顧問であった化学の教諭・江藤千秋先生の影響があったことは疑い得ない。江藤先生は退職後河合塾の講師のち理事を勤められたが、愛知一中在学中の自身の経験（配属将校によって、予科練志願をなかば強制された）をもとにして、『積乱雲の彼方に　愛知一中予科練総決起事件の記録』（法政大学出版局、一九八一年刊）を上梓された。これが原案となって、ＮＨＫが『十五歳の志願兵』というドラマを放映して評判になったから、ご存知の方も少なくないだろう。ちなみにこの本の刊行に貢献したのは、先述の平川俊彦氏であった。彼はその当時、法政大学出版局に勤めていたのである。

ところで当時の旭丘高校は、旧制愛知一中のバンカラ精神を引きずる学校で、新入生歓迎会の折は、高下駄を履いた弊衣破帽の応援団長が、声を張り上げて檄を飛ばし、一中校歌の歌唱指導をした。「山には虎狼群りて／水には龍蛇蟠り人をなやますこと多し／いざ打ちかたん諸共に」。八番までのうちこれが一番、なんとも勇ましい。三番になると「元亀の昔この土地に織豊二氏が／蹶起して立てし義烈の功勲は千代に／伝えていや高し」。いよいよ気宇壮大であるが、時代がかったこうした歌詞を、大声で復唱するよう促されても、口をもごもごさせて歌うふりをするしかなかった。真偽のほどは知らないが、明治三十七年作のこの歌は、「日本最初の校歌」である、と教えられた。もちろん新入生歓迎会以降、一度も歌う機会はなかったが、たぶん運動部の関連では、ときどき応援歌として歌われたのではなかろうか。

一中の校訓「正義を重んぜよ」「運動を愛せよ」「徹底を期せよ」の三つのうち、特に二つ目は、わたしのウィークポイントであった。「運動部員にあらざれば人にあらず」とでも言わんばかりの言動をする生徒がたまにいて、わたしはなるべくそうした連中には近づかないようにしていた。もちろん市立第三高女と合併して新制高校になってからすでに十年近くになっていたから、こうした蛮風も徐々に薄れつつあったのであろう。幸いなことに、在学中に表立って「文弱の徒」を咎められた覚えはない。

先に述べた「オリーブの会」は出入りが自由な同好会であったが、クラブ活動としては三年間を通して「文芸部」に所属した。顧問は井村紹快、ついで大野健二のお二人であった。いずれも国語の先生で、わたしたちの書き散らすものをやさしく見守って、押し付けがましいところのない、さりげない感想をときおり述べてくださった。

入部当時、二年、三年の部員はあわせて十数人いたが、なぜか同学年は村瀬章君とわたしのふたりだけ。翌年、翌々年の新入部員は、それぞれ一〇名ちかくいたからいささか不思議であった。岐阜県郡上八幡出身の村瀬君はおとなしい性格で、わたしのわがままや気まぐれによく付き合ってくれた。年一回発行の機関誌「新緑」に、四〇〇字詰五〇枚あまりの創作「埋葬」を発表、「旭丘新聞」の批評欄で匿名の先輩から好意的な評価を得た。ほかにふたりだけのガリ版刷りの臨時増刊を数回発行した。短歌や詩のようなものばかりであったが、字が綺麗で几帳面な村瀬君が、いつも率先してガリを切ってくれた。

この村瀬君は京大の建築学科を経て、大学院は東大の丹下（健三）研究室へ進み、やがて東京で都市建築プランナーとして事務所を開いた。『東北は唄う』（筑摩書房、一九八九年刊）、『まちづくり変革宣言』（ぎょうせい、一九九四年刊）などの著書がある。拙著を送ったりすると、分厚い封書で詳しく感想を述べ伝えてくれたりした。心根の優しい男であったが、惜しくも二〇一八年夏に、病院での八ケ月の闘病生活の後に他界した。

一方、わたしのささやかな「社会参加」は、押し寄せる波に促されて、休みなく歩を進めていた。日をおかずして、反安保闘争のうねりがやってきた。一九五九年の秋頃から沸き起こった労働者・学生・市民らの広範な抗議運動には、高校生たちも無関心でいることはできなかったのである。

一九六〇年六月十五日、一〇〇名ばかりの高校生グループは、これを自らの配下に置こうとする代々木系全学連の申し出を謝絶して、あくまでも独立した組織として尊重してくれた、愛知県学連（ブント系）の学生たちに守られるようにして、長い隊列のしんがりを務めた。栄町（今の栄）から名古屋駅までの大通りを、目一杯に広がったフランスデモは、悲壮感と高揚感に包まれていた。笹島の交差点あたりで、東京からの速報が入り、国会議事堂で「数名の学生」が命を奪われたことを知らされた。その時の悲鳴にも似た憤りのシュプレヒコールは、いまだに忘れられない。翌朝の新聞で、機動隊の過剰警備の犠牲となったのは、東大生樺美智子さんであることを初めて知った。

その後の国会での新安保条約の自然承認は、大きな虚脱感をもたらした。たしか七月下旬であったと記憶するが、鶴舞公園の公会堂で総括集会が行われ、浅田光輝らが講演をした。わたしはそうした「大衆を導く知識人の幻像」ではなく、壇上に上がったひとりの大学生が語った、詩人・評論家の吉本隆明への深い共感の言葉に、つよい感銘を受けた。翌年大学生になって初めて詳しく知ることになるが、吉本は樺さんが死亡したその日、「国会構内乱入の罪」で逮捕された百数十名の学生たちのうちに、知識人としてではなく一介の市民として含まれていたのであった。

こうして、わたしのもうひとつのささやかな「投企」が、とつぜん幕を下ろした。盛夏に向かう頃おいであったが、なぜか別の言葉が口をついて出た。「夏は終わった。畜生！　夏は終わった。」（檀一雄『火宅の人』末尾近くの主人公の言葉）、これがわたし自身の痛切な叫びとなった。わたしは海も山もない季節を強制終了させ、気を取り直して、その日の夜から受験勉強に集中した。あれこれ考えるまでもなく、それ以外の選択肢はなかったのである。

第四章　吉田中大路

一九六一年（昭和三十六年）春、高校二年の秋ごろから志望校に決めていた、京都大学文学部に進学した。最初の二年間はいわゆる「教養課程」で、時計台のある本部キャンパスの南に隣接する吉田分校に通った。一期上の先輩たちは、最初の一年は宇治分校に通ったとのことであるが、わたしたちは宇治を知らない最初の京大生となった。吉田分校は現在の総合人間学部ほどではないにしろ、すでに手狭であったから、わたしたちはそこからはみ出すようにして、本部キャンパスの附属図書館や、東大路通を西に渡った西部構内の講堂や食堂などの施設を、学部生と同じように活用した。わたしは時計台前や法学部棟の大楠を見るのが好きだった。特に新緑の季節に黄色味を帯び葉叢が風にそよぐのを見ると、青雲の志が胸に沸き起こるのを感じた。

わたしはフランス語を第一外国語として履修するコースを選び、L4（エルヨンまたはエルフォー）というクラスに配属された。変わり者が多いという評判のクラスであった。一例だけをあげると、わたしより三つ年上のM君などは、第一外国語にフランス語、第二外国語にロシア語を選択して、皆を驚かせた。わたしを含め他の級友たちはほとんど例外なく、英語を第二外国語に選んでいたからである。ひょうきんで人懐っこいところのあるこのM君とは、入学試験の会場で隣り合わせになるという奇縁もあった。また黒マントに高下駄という出で立ちも珍しく、こちらも面白がって何度か立ち話をしたことがある。売春禁止法制定後も営業を続けているある種の歓楽街にも、出入りしているようであった。彼は一年もしないうちにフェードアウトしてしまった。その後の消息は杳として知れない。

もちろん大多数は真面目な勉強家で、なかにはのちに出版社やメディアなどで活躍することになる者もいた。山本康君は仏文科を経て白水社の編集部に入り、のちに社長も務めた。わたしの最初の翻訳書であるフェルナンド・アラバールの『鰯の埋葬／バビロンの邪神』（新しい世界の文学・67、一九七四年）を手がけてくれたのは彼である。また松井正洋君は仏文科を出て公共放送の経済部記者になり、日露漁業交渉についてテレビで解説しているのを見て、驚いた記憶がある。同じくフランス語のよく出来た佐々木丞平君は美学科を出て、文化庁に入り、のちに京大文学部美学科の日本美術史の教授になった。ほかに文学部から法学部へ転学部して、朝日新聞社のエディターになった小山博君、仏文を出てからのちに改めて美術を学び直して、信楽の陶工になった芦田勲君がいた。またクラスでは稀少な京都人のひとりで、壬生狂言を見に連れて行ってくれた西田稔君（のち同志社大学フランス語教授）は、演劇集団「創造座」の俳優として活躍する一方、バレエも踊るという多才な男だった。こんな風に、ヴァラエティに富み、かつユニークな人材が多かったのである。

フランス語の初歩は、田中俊一先生と大橋保夫先生に習った。講読の担当は生島遼一先生で、思いがけないことにL４の担任でもあった。おそらく形式的なものであったと思うが、一度だけ懇親会（コンパ）に付き合ってくださったことがある。場所は河原町今出川あたりの、学生がよく使う安い小料理屋ではなかったか。生島先生は前半だけの出席で、たぶん多すぎるほどの会費を幹事にそっと手渡して、途中で退座された。わたしたちは、高名な仏文学者と会食できたことに、ただそれだけで大いに満足した。

ちなみに当時は、「京大仏文三羽ガラス」などという言葉を目にすることがあった。たしか受験生相手の通信添削のサークルが出していた「京都大学学生親学会」という名の機関誌があって、そこにそのような内容の学部紹介の記事が載っていたのではないかと思う。わたしは定期購読をしていたわけではないので、たまたま友人に借りて読んだ二、三号分の中にその記事が含まれていたのかも知れない。

京大文学部のフランス語フランス文学科の主任教授は伊吹武彦先生であったが、講義担当者として教養部の生島遼一先生と人文科学研究所の桑原武夫先生が加わっていたので、これを「仏文三羽ガラス」と称し、京大仏文は日本一の陣容を誇るなどと、大いに喧伝されていたように記憶する。わたしは伊吹訳『ボヴァリー夫人』や桑原・生島訳『赤と黒』を高校時代に読んでいたし、またこれらの三教授は、それぞれサルトルやボーヴォワール、そしてアランの訳者でもあったから、そのキャッチフレーズには人一倍敏感だったのかもしれない。

ところで当時わたしは、教養部キャンパスに徒歩一〇分とかからない吉田中大路の民家に下宿していた。通学には大変に便利でその意味では恵まれていたと思う。当時は地元出身の自宅からの通学生以外は、ほとんどの学生がこうした下宿生であった。

その後アパートやマンションの個室に住むのが当たり前になって、近年ではこの「下宿屋」なる言葉も、ほとんど死語になってしまった。

下宿探しの苦労や家主とのトラブルについては、よく耳にした覚えがある。ある工学部生などは、激しい雷雨に襲われたある日の暮れ方、部屋でラジオを聞いて寛いでいると、家主が現れて「ラジオを消せ」と迫られたという。電気工学を学んでいた彼が「その必要はない」と答えると、家主と口論になり、その結果、そこに居づらくなって宿替えをしなければならなかったという。

この点で、わたしはほとんど苦労知らず、と言ってよかった。ほぼ理想的なところがすぐに見つかって、入学式の数日前には無事に名古屋からの荷物を運び込むことが出来たのである。なぜかといえば、運よく同じ高校から京大文学部へ同時に入学した大岡茂子さん（L４の同級生で、仏文科でも同期生となる。のちフランスに渡り、フランス人と結婚してパリ近郊に在住）の兄上から、合格発表のその日のうちに、それまで自分が下宿していたところを紹介していただいたからである。この人は工学部大学院の修士課程を出て、大手企業に就職が決まったばかり、とのことであった。

この下宿屋は京都に多い町家作りで、俗に「うなぎの寝床」と呼ばれるように、間口は狭いが奥行きが長かった。奥の坪庭の南には離れの二階家まであって、合わせて五人ほどの学生が暮らしていた。わたしの部屋は通りに面した母屋の二階であった。離れにいた四回生の法学部生は、時折すぐ近くの学生食堂や銭湯で見かけたことがあったが、いつも寡黙で人を寄せ付けないような趣があった。聞くところによれば、学部在学中にたった一度のチャレンジで司法試験に合格した、とのことであった。

この離れにいたもう一人の別の学生とも、ほとんど顔をあわせることがなく、口をきいた覚えもないが、噂によれば彼はこの家で最も有名な下宿生なのであった。好奇心にかられてある先輩にその理由を聞いてみると、二年ほど前のこと、彼は心ならずもある騒ぎをまきおこして、一時マスメディアを賑わせる羽目になったそうである。広隆寺の弥勒菩薩に魅入られ、あろうことか、思わず知らず国宝に近づきすぎて（一説によればその頰に口づけをしようとして）、その指に棄損を生じさせてしまったのである。

わたしがこの話を聞いた一九六一年は、ちょうど、水上勉が『雁の寺』で直木賞を取った年であり、また三島由紀夫の『金閣寺』が、これと合わせて話題になっていた頃なので、この下宿生の存在は、それらのモデルとなった学生を、妙に生々しく、身近なものとして想起させたのであった。

ところで母屋二階のわたしの部屋の、廊下ひとつを隔てた向かいの部屋に、牢名主ともいうべき最古参の住人がいた。舟場正富さんという人で、人文地理学を学ぶ研究者で、京大文学部大学院の博士課程に籍を残しながら、箕面自由学園の講師をつとめる社会人でもあった。この人は茂子さんのお兄さんの古い友人でもあり、いろいろ親身になって学生生活の案内をしてくださった。和歌山のみかん農家が実家なので、ときどきダンボールで送られてくるみかんのおすそ分けに与った。お返しに名古屋から送って来たかき餅や大須ういろうなどを持っていくと、お茶を入れてもらって雑談をした。

この下宿では炊事や暖房などに電力を使うことは原則として禁じられていた。わたしは小さな電気ポットだけを用意していた。舟場さんはどうするのだろうと見ていると、季節を問わず常備しているらしい炭を、慣れた手つきで二、三本火鉢に入れると、いかにも手際よく紙くずで点火し、やかんで湯を沸かしてお茶を淹れ、さらにわたしの持参したかき餅まで焼いてくれた。

その時、ごく自然にクラブ活動に話が及んだ。わたしはその点に関してはまだ白紙の状態であること、そして高校時代の経験として、オリーブの会と文芸部に所属していたことなどを手短に話した。すると舟場さんは、心なしか瞳を輝かして、おもむろに部落問題研究会、通称「部落研」なるものについての説明を始めた。水平社の設立から戦後の解放同盟にいたる、差別に対する抵抗の歴史を簡単に述べ、部落研は特定の政治組織や党派とは無関係であると強調し、自分はかつて部員であったが今はＯＢであること、そしてときどき顧問のような形で関与しているなどと、穏やかな口調で説明した。わたしは島崎藤村の『破戒』を読んだ程度の予備知識しかなかったが、サルトルの「ユダヤ人問題」などを持ち出して、このレクチャーに少し背伸びして応じた覚えがある。

こうしてわたしの新しい「投企」が行われ、それがささやかなアンガージュマンに繋がった。わたしは次の日には、教養部グラウンドの西端に並ぶ部室のひとつを訪れていたのである。同期の入部生には、のちに一緒に同人誌を発刊することになる有地光君（彼は英語を第一外国語とするＬ１のクラスだった）や、のちに京大の学生自治会である「同学会」の委員長を務め、さらには大菩薩峠事件に連座して服役することになる、Ｌ４の八木健彦君などがいた。なかには「部落」を山村や漁村の集落と勘違いして入部してきた、みるからにおっとり型の学生もいたりした。もちろん彼は一ケ月もしないうちに退部していったのであるが。

この部落研には、実に様々な人材が溢れていた。理論派と実践派、代々木系とブント系、あるいはノンセクト・ラディカルと穏健が入り乱れていた。マルクシストもいれば、クリスチャンもいた。わたしのような「サルトリアン」も肩身の狭い思いをすることはなかった。それぞれ互いに相手を尊重して、全体が奇妙な調和を保っていた。後年の、鉄パイプやヘルメットなどで武装した学生集団など、当時は予想することさえ出来なかったのである。

部員の男女比は七割から八割が男性であったが、評判の美人で知性溢れるマドンナのNさんや、江戸娘であることを隠すためなのか、関西訛りを語尾だけでしきりに強調する、優しくて愛嬌のあるAさんなどは、一期先輩であった。同期では、明るい笑い声を絶やさない理学部のM嬢などがいた。つまりごく普通の文系のクラブで、概して陽気で明るい雰囲気なのであった。戦時中、大阪市役所の吏員として被差別部落の問題と取り組んだ経験のある、野間宏の描く「暗い絵」の世界を、当初わたしはいくらか予想していたが、いざ入部してみると、思いつめるとか、使命感に押しつぶされるといったような、深刻なイメージはまったくなかった。

なかでもわたしは、二年先輩の岡部崇明さんの影響を受けた。彼は法学部生で、すでに司法試験の準備を始めていたはずであるが、いわゆるブント系のノンセクト・ラジカルのひとりで、わたしに最初に、吉本隆明、鮎川信夫、清岡卓行などの現代詩を読むことを、教えてくれた人である。彼は、デモの途中で道端に腰を下ろして休憩するときに、吉本の詩篇「恋唄」をすらすらと暗唱して見せてくれたりした。後年、大阪高裁の判事を定年により退官した岡部さんと、京都の小料理屋で昔話に花を咲かせたことがある。

「部落研」にはもうひとり忘れられない先輩がいる。松橋二郎さんといって、老舗の人形屋の次男坊であったが、お兄さんが急逝されたため、ただちに家業を継がなければなくなり、大学を三年限りで中退せざるを得なかったひとである。彼はのちにわたしが清岡卓行論を書いた後、詩人の処女詩集『氷った焔』の初版本を無償で譲ってくれたりした。

部落研の活動は大きく分けてふたつ、ひとつは部落差別の歴史と解放運動の研究、そしてもうひとつはセツルメント運動の一環ともいうべき実践活動で、具体的には、ある被差別部落に入って子供会の運営をし、経済的な理由で遅れがちな勉強などの手助けをする、というものであった。

前者に関しては、部落問題研究所編『部落の歴史と解放運動』をテキストにして勉強会を開いた。特に同書の近代篇・現代篇を担当した、京都大学人文科学研究所の井上清教授の執筆した部分を精読した。そして運動の現場から、解放同盟の指導的な地位にあった朝田善之助氏を招いて、「水平社から始まるわが闘争の歴史」とでもいうべき壮絶な回顧談を聞く会を持ったことなどが、いまでもつよく記憶に残っている。朝田氏は戦時中に自らが受けた拷問の生々しい実態を話した後、腕や膝を撫でさすりながら、わたしたちを見回して、「君たちに耐えられるかどうか」などと呟いた。

およそ十年後、井上教授は紅衛兵を賛美する毛沢東主義者としての言動により、マスコミ等で様々な物議を醸した。また朝田氏は、同和地区の生活改善のため、一連の行政闘争で大きな成果をあげたが、その一方で、同和問題の解決への道に負の遺産をも残した。なぜなら言葉狩りにも繋がりかねないような些細な観念差別を突破口にして、時に物取り主義と批判されるような行き過ぎた糾弾の仕方が、のちに問題視されたからである。

セツルメント活動に関しては、苦い思い出がひとつある。小学六年の男子三名が「お兄ちゃんの下宿が見たい」というので、一度招待してお茶とお菓子でもてなしたことがある。一時間ほど他愛もない話をして、お開きにする前にほんの数分間小用に立ったのが間違いの元だった。玄関まで送って別れる時、いちばん背の高い少年がわたしの目を見据えてニヤリと笑った。悪い予感がしたので、急いで部屋に戻り机の引き出しを確かめると、数日前に父が書留にして送ってくれたその月の生活費が、封筒から中身だけ抜き取られて無くなっていた。キャッシュカードや電子マネーなどのない時代の話である。

わたしが部落研に所属していたのは、大多数のほかの部員たちと同じように、教養課程の二年間だけである。本当にこの問題に取り組むためには、たぶんその後の一生を賭けなければならなかったであろう。少なくとも、どこにでもいるであろう「手癖の悪い子」を、ケアすることなく彼が生まれ育った環境に置き去りにした罪は免れない。「子供会」のために多くの時間を割いて、誠実に取り組んでいたYさんのような先輩を知らないわけではないが、わたしには、彼のように留年をしてまでもセツルメント活動に打ち込むだけの覚悟と勇気が、なかったのである。

いまにして思えば、わたしのヒューマニズムと社会参加の限界を、充分に思い知らされた事件であった。また逆に自分の中に潜む差別意識を、抉り出されたような気さえしたものである。その後数週間は、河原町今出川の古本屋・善書堂に辞書数冊を持って行って質に入れたり、生協食堂の一番安いメニューを朝と晩の二回だけ食べたりして、なんとか飢えをしのいだが、得られた教訓を思えばその授業料は決して高いとは思わなかった。

すでに述べたように、わたしが京大に入学した年は、いわゆる六〇年安保の翌年であったが、政治の季節はまだまだ続いていた。入学して間もない六一年五月、学生や市民による反政府活動の鎮静化をめざす政権与党（自民党）は、政治的暴力行為防止法（政暴法）案を、衆議院に提出した。六月二日には国会周辺に三万五千人が反対デモに集結した。京都でも五千人を超える学生や労働者が円山公園から京都市役所前までジグザグデモやフランスデモを繰り広げた。その翌日、同法案は衆議院で民社党の賛成も得て強行採決された。引き続き参議院で議長斡旋による継続審議が決定されたが、翌年五月には廃案となった。

政権と与党はそれでも諦めなかった。さらに「大学管理法案」、いわゆる「大管法」を国会に提起することをちらつかせた。これに対する学生たちの反応は敏捷だった。俗に奥手ほどラディカルになるというが、京都は東京に比べてこの問題に関して周回遅れの異様な盛り上がりを見せた。京大の時計台前で、「同学会」のS委員長が主導して、大学封鎖を提起する決起集会が開かれたのである。ここで大演説を打ったのは、理学部助手の田端英雄氏であった。彼はわたしと同郷の人で、『学園評論』という雑誌の黒幕的な関係者で、わたしはその一年後、彼から同誌の編集を引き継いでくれないかと依頼されたことがある。わたしはこれを謝絶したが、その理由については後述する。

学生が自ら大学を封鎖するということは、授業はもちろんのこと差し迫った試験をもボイコットすることを意味するわけで、突き詰めて考えれば当然のことながら自らの学歴を一旦中止して、留年を覚悟しなければならない。指導者たちはともかく、参加した一般の学生たちは口にこそ出さなかったが、それぞれの事情を内に秘めて、心のうちで真剣に悩んでいたに違いない。わたし自身がそうであったように。

結局、大管法そのものは法案化されることなくウヤムヤに終わったが、その後数十年にわたって、大学の自治は真綿で首を絞めるようにしてさまざまな規制をかけ続けられることになる。わたしが定年により京大を退職する二〇〇五年頃には、独立行政法人化という名の大きな嵐に見舞われることになる。

わたしにとっての政治の季節を締めくくるものは、二回生秋の学園祭への関与であったが、そこにいたる道筋として記しておかなければならないことは、一九六一年十二月に創刊号を出した「状況」という同人誌のことである。L４の級友を中心とする六、七名が語らって発刊したのであるが、この誌名はサルトルの用語であるSITUATIONに由来することが明白であり、多分わたしの発案ではなかったかと思う。

夏休み前におおよその計画が出来上がっていて、秋頃に本格的に始動したはずである。のちに京大新聞の編集長を務める小野利家君、小説を書いていて、一年後京大新聞の新人賞に応募して佳作になった有地光君（選者は井上光晴、当選者はなく、唯一彼の佳作が紙上に発表された）、長野県出身で吉田寮に住み、盛んに詩を書いていた吉田祥一君、のちに国文科へ進み江戸歌舞伎の研究者となる坪田哲夫君など、多士済々であったが、Y君とS君のように、その後の消息が知れないメンバーが他に数名いた。

一回生の夏休み明けであったと思うが、「状況」の発刊に際して、三、四名の仲間とともに、L4の担任、生島遼一教授の研究室に押しかけて、「短い序言を」と依頼したが、「多忙」を理由にあっさり謝絶された。がっかりしたことだけを覚えているが、やはり甘えがあったのであろう。数年後、何かの集まりの席で、生島先生が、誰にいうともなく笑いながら、「教師は不見転芸者のようなもの」と言われた時は、人知れず赤面した。教師はお客さんである学生を選ぶことはできない、という趣旨の実感であろうと理解したが、四〇年近く大学の教員を務めた経験のあるいまのわたしなら、このことばは容易に首肯できる。

「状況」はその後三年間で四号までを出した。一、二号は孔版印刷で各二〇〇部ほどを刷ったが、三、四号は活版印刷にして一気に部数を伸ばした。三号は一二〇〇部にして、同学会委員長の八木健彦君や東大川崎セツルメントの跡部重雄君(彼はわたしの高校時代の友人のひとり)の論文などを載せた。大げさに思われるかも知れないが、学生の同人誌としては「飛ぶように売れた」というのが、当時の素直な感想であった。

この雑誌にわたしが寄稿したのは以下の評論である。

無の世界の奢り（一号、一九六一年十二月）
美・現実・歴史――ランボー試論（二号、一九六二年九月）
マルクス主義とサルトル（同右）
錯乱の季節（三号、一九六三年六月）
ロマンティクの変貌――自我論の試み（四号、一九六三年十月）

創刊号の「無の世界の奢り」は、三島由紀夫の『仮面の告白』を批判的に論じたもの。「無」とはサルトルの『存在と無』と『想像力の問題』に依拠する概念で、いま読み返すと、サルトルのジャン・ジュネ論の模倣にすぎない。「美・現実・歴史――ランボー試論」は、ランボーの初期詩篇「谷間に眠る男」を中心にして、詩人の想像力と歴史的現実の交錯を論じたもので、粗雑ながらも、わたしのランボー理解の出発点となったものと自己評価する。

大上段に振りかぶった「マルクス主義とサルトル」は、当時邦訳が刊行されたサルトルの『弁証法的理性批判』（第一巻、竹内芳郎・矢内原伊作訳）を、読書ノート風に祖述したもの。「錯乱の季節」は、ランボーのいわゆる「見者の手紙」を起点にして、彼の普仏戦争とパリ・コミューンとの関わりを、六〇年代初頭の日本の政治状況を多分に意識しながら論じたもの。「ロマンティクの変貌――自我論の試み」は、先にA先生との葛藤を振り返ったときに、冒頭の一部を引用した石川啄木論の原型である。

この雑誌への寄稿と並行して、わたしは「京都大学新聞」にもいくつかの文章を発表した。きっかけを作ってくれたのは、一九六二年当時、同紙の編集長を務めていた小野利家君である。劇評や書評などを除いて主なものだけを挙げる。

故郷喪失の時代とぼくら（一九六二年二月）

ランボー試論（一九六三年一月）

ロマンティクと自我の解離（一九六三年十一月）

純粋人間的物理学――中井正一の美学（上下）（一九六四年六月）

「故郷喪失の時代とぼくら」は、学園祭である「十一月祭」のテーマ説明。準備委員長の野口健朗君（東京都両国の出身で、温厚篤実な男であったが、二年ほどのちに惜しくも夭逝した）からの依頼で、わたしが書いた。これは「六十二年十一月祭ニュース」第一号にも再録された。これを読んで、『サボテン』の詩人で、ロートレアモンの訳者である栗田勇氏が、大学の学生部気付で分厚い封書を送ってくれた。テーマ企画の講演会では、栗田さんのほかに、吉本隆明、谷川雁、鶴見俊輔などの諸氏に講演をしていただいた。

講師への依頼については、いくつか忘れがたい思い出があるが、すでに他の機会に触れたことがあるので、ここでは谷川雁氏の場合一例に止める。先述の岡部さんと二人で、経費節減のため、いわゆる「鈍行」(各駅停車)の夜行列車に乗って、大正炭鉱のある福岡県中間市まで、わざわざ講演の依頼に行った覚えがある。(手紙で依頼すれば済むものを、やはり実物に会いたかったのであろう。)早朝に駅に着いたので、しばらく待合室で時間を潰してから、徒歩で詩人の住所を探しあてて、面会を求めた。谷川さんと森崎和江さんが、快く迎え入れてくれた。目玉焼きとトーストの朝食までご馳走になって感激したわたしたちは、思わず「谷川さんと森崎さんおふたりで講演に来てください」と頼んでいた。

雁さんは森崎さんを見ながら、「この人の話はメタファーと論理がアマルガムになっていて、君たちにはわかりにくかろう、かわりに大正行動隊の二名を連れて行くから、修学旅行生の泊まるようなところでいいから、宿を手配しておいてくれ」と逆提案をされてしまった。もちろんわたしたちに異論のあるはずはなかった。付け加えて雁さんは、「君たちは文化人をひな壇に並べて満足だろうね」と言った。図星を指されて返す言葉もなかったが、今となってはすべて懐かしい思い出である。

京大新聞への寄稿に話を戻すと、ランボー論と啄木論は、「状況」に発表したものとリンクしているが、最後に挙げた中井正一論は、京都と東京で数度にわたり、会う機会のあった栗田勇さんとの対話が背景にある。わたしの理解では、中井正一の美学は、哲学的論証を極度に切り詰めた、断章による「言い切り」の詩学であって、この叙述のスタイルが何よりの魅力であった。二回の連載に興味を示し、丁寧に読んでくれた、三月書房の店主・宍戸恭一氏とつながりができ、同氏が出していた「現代史研究」の三十八号と三十九号に、「中井正一についての諸注」なる文章を書いたりした。

「状況」の出版を通して、幾人かの知友を得た。京大仏文の先輩・岡本利男氏もその一人で、国文社からマルク・アランの詩集『他の人々の時間』を一九五八年に出されたことを知っていたので、三号に訳詩を寄稿してもらった。この岡本さんの知人で、愛知県高浜市在住の鈴木孝氏を識ったのも、ちょうどその頃である。南山大学仏文科の出身で、年はわたしよりも五つ上で、私塾を経営しながら、ダダやシュールの生き方を自己流に実践しながら、詩を生活化することに腐心していた。彼の詩集『栄光への侮辱』は、「状況出版部」の名を借りて、一九六三年に発行された。発売元は名古屋の風媒社、写真撮影はわたしの高校時代の友人であるデザイナー・村瀬千尋君が担当した。

清水哲男さんとの出会いは僥倖であった。彼は当時わたしが会った最初の生身の詩人のひとりであったと言ってもいい。わたしより四つほど年上で、文学部美学科を七回生として卒業したのは、一九六四年三月であった。在学中にすでに『現代詩手帖』などで活躍する新進の詩人として認められていて、わたしは出版されたばかりの処女詩集『喝采』（一九六三年、文童社刊）を、百万遍の名曲喫茶「らんぶる」で、目の前で署名して手渡してもらったことを鮮明に覚えている。弟の昶氏と知り合ったのは、それから二年ほどのちのことである。なお文童社は、大野新さんが勤めていた双林プリント出版部の名称である。

わたしの知る清水哲男氏は、その頃すでに学生生活を引退した長老のような存在で、かつて遠井啓一郎なるペンネームで、『学園評論』誌の編集長として、またその有力な執筆陣の一人として、活躍した伝説の人でもあった。「遠井啓一郎」の筆名は、夭折した俳優・赤木圭一郎に由来すると聞いた覚えがある。もうひとつ忘れられないことは、清水さんの紹介でジャン・ジュネ詩抄「愛のうた」を、「現代詩手帖」一九六四年二月号に発表できたことである。サルトルのジュネ論である『殉教と反抗』の邦訳が出たのは、数年前のことであるが、ジュネの詩作品が邦訳され始めたのは、ちょうどこの頃からであった。

ところで『学園評論』は、一九五〇年代に創刊された学生雑誌の老舗である。清水さんが関わったのは、一時中断後の復刊（第二巻）で、一九六一年とその翌年ではなかったかと思う。第一期からの通算で、第四号から六号あたりまでであったろう。その後、第七号を医学部で精神医学を学ぶ新井清さんが編集を受け継いだ。わたしたちの「状況」はそれとほぼ時期を同じくするが、こちらは一同人誌に過ぎず、はるかに格下の雑誌であった。それでも三号と四号は、すでに述べたように京都以外の大学でも、多少とも知られるような存在になっていた。

「状況」の三号と四号が、一九六三年の六月と十月に相次いで刊行されているのは、おそらく四号での終刊を意識した上でのことであっただろう。そろそろ足を洗おう、そう考えたのかも知れない。この年の春、教養部から仏文科専攻へと進んだわたしは、自分なりにフランス文学と真剣に向き合おうと考えたに違いない。これと符節を合わすかのように、例の時計台前集会で大演説を打った田端氏から、新井清氏の後を受けて『学園評論』の編集をやってくれないか、との打診があった。わたしは迷うことなく、丁重にお断りした。同誌は第八号を出すことなく、事実上の終刊となった。もしこの時点でわたしが引き受けていたら、わたしの歩んだ道は、多分に異なったものになっていただろう。学生ジャーナリズムとはいえ、年数回の発行を目指す老舗雑誌の編集は、時間的にもかなりの負担となっていたであろうし、それはわたしがすでに決意していたフランス文学への志とは、相反するものであったに違いない。

学科の専攻を決める前に、二回生から文学部で受講することの出来る科目がいくつかあった。古いノートを頼りに、わたしが受講した（あるいは受講を試みた）ものを、思い出すかぎり列挙すると、以下の五科目である。部活と同人誌をやりながらであったから、我ながら勤勉であった、と感心する。映画を見るほかは、金のかかる遊びを知らなかったので、アルバイトを一切しないで済んだこと、そして通学にほとんど時間を要しなかったおかげもあったのだろう。

ラテン語は、仏文科志望には必須であったから、もちろん履修した。これに加えて松永雄二助手のギリシア語週八時間コースを選んだ。岩波全書の『ギリシア語入門』(田中美知太郎・松平千秋著、改訂版、一九六二年)を半年間でやっつける、というハードなスケジュール。巻末の語彙集とオックスフォードのGreek-EnglishとEnglish-Greekを頼りに、練習問題をやり遂げるのに四苦八苦した。九月からプラトンの「国家」を読むという予告に恐れをなし、夏休みの始まる時点でフェードアウトした。受講生は最初一〇名ほどであったが、ここまで残ったのは、西洋哲学専攻を志望する女性ひとりとわたしだけ。とにかく「忙しかった!」との印象が強い。松永氏はのちに九州大学の哲学科教授になられた。

田中美知太郎教授の「古典哲学」と野田又夫教授の「哲学」は対照的な講義だった。前者は哲学誕生の現場を素足でたどるような堅実な講義で、素人にも興味が持てた。後者はデカルト、パスカル、スピノザから、二十世紀最先端の論理学に至るまで、縦横無尽に話が飛ぶので、予備知識のないものには難解であった。ほかに西田哲学の流れを汲む辻村公一教授のヘーゲル講義があったが、これはドイツ語を履修した者でないと話にならないので、早々に退散した。

仏文関係では、生田耕作助教授の講読 Le Quai des brumes（ピエール・マッコルラン著『霧の波止場』、Le Livre de Poche 版）を楽しみに聞いた。講読なのに「聞いた」というのは、学生に当てて訳させるのではなく、ところどころ解説を加えながら、ご自身で勝手に訳をつけて行かれるのであった。生田先生は後年、教養部を退職する数年前から、にわかに休講が多くなり、最後は年に数回しか授業をしなかった、との噂を聞いたことがある。しかしわたしの知る生田先生は真面目であった。たしか寝屋川市あたりから通勤しておられたのではなかったかと思うが、一時間目の開始時間を少しずらして、きっちり九時に開始することをあらかじめ宣言して、事実その通りに実行され、休講などはほとんどなかった、と思う。

翌一九六三年四月、仏文科に進級した。主任教授の伊吹武彦先生はその少し前に大病をされ、すでに休講つづきであった。わたしは以前に関西日仏学館で伊吹先生のヴァレリー作 Le Cimetière marin（海辺の墓地）の講読を聴講した覚えがある。詩行の一字一句をおろそかにせず、音韻効果とリズムを精緻に分析する手がたい読解に、つよい感銘を受けていただけに、たいへん残念であった。

伊吹先生に代わって仏文科の主要な講義を担われたのは、教養部の生島遼一先生であった。「研究」という題目のもとに行われたスタンダール講義は、文字通り全力投球であった。木曜日の午前十時半から始まり、正午半を過ぎても終わらないことがあった。ほとんど徹夜に近い状態で講義の準備をして来られたのではないかと思う。大量のプリント資料が配布されたが、これはおそらく秘書の奥村香苗さん（L４の同級生、のち生島さんの養女になった）がタイプしたものを、孔版印刷にまわしたものであっただろう。

もうひとりの看板教授である桑原武夫先生は、多忙の人であった。当時は、人文科学研究所の所長であると同時に、日本学術会議の副会長でもあり、講義の準備に割く時間はあまりなかったのではないかと思う。「ルソー研究」や「文学と悪」など、いくつかのトピックに特化した話も聞くことができたが、より多くは、ユネスコや学術会議の最新の話題もしくは裏話、時局向きの世界情勢、例えばド・ゴール大統領のフランス文化輸出政策についてなどから、三好達治の思い出などにも話が及ぶことがあった。むしろこうしたヴァラエティこそが、この「研究」の人気講義たる所以であったかもしれない。他学科、他学部からの聴講生はもちろんのこと、すでに教職に就いている卒業生の姿も、しばしば見かけたりした。

桑原武夫といえば「第二芸術論」が有名であるが、先生のこの出世作についてはちょっとした思い出がある。講義のあと、京大北門前の喫茶店「進々堂」に、希望する者一〇人ばかりを、連れていっていただいたことがある。質問があればなんでも受け付けると言われたので、ついその気になって、日ごろ気になっていたひとつの質問をした。「先生の第二芸術論についてですが、戦後二〇年の短歌と俳句の革新とその成果に照らして、いまの時点でなんらかの修正の必要を、お感じになりませんか」。桑原さんは、この失礼な学生の質問に一呼吸おいてからこう答えられた。「あのふたつのエッセーの存在価値は、歌壇や俳壇ばかりではなく、社会全体に一種のショックを与えたことです」。

わたしはこの返答に半分は納得したが、残りの半分はそうではなかった。たしかに、俳句結社主宰の作品が巻頭に大きな活字で載るというような風習は、少なくなった。桑原さんの提言の効用とプラグマティズムは、充分に理解したつもりだったが、世界の芸術に照らし合わせた場合の、日本の短詩型文学の受容と評価という点では、いくつか疑問が残った。桑原さんが世界の標準としてイメージした「芸術」は、主にフランスの十九世紀小説であり、またロマン主義以降の近代詩であると読み取れる。例えばフランス近代詩に関しては、「ボードレールやヴァレリーの詩を註釈がなければ読めないということはフランスではあり得ない」、とまで断言されている。本当にそうだろうか。

知られているように、フランスの学校教育では嫌というほど古典教育がなされる。ボードレールやマラルメの詩の解説書、註釈書は夥しい数が出ている。ヴァレリーの詩でも、いわば新古典主義と象徴主義とが混交したような高踏的なものであるから、アラン以外にも何種類もの註釈が出ている。ヴァレリーの『若きパルク』などは、一般のフランス人にはたやすくは近づき難い、相当に難解な長篇詩ではなかろうか。こうした問題は、ちょうどその頃から盛んになった読者論や受容理論に依拠した、新しい文学理論の領域とも密接に絡んでくる。桑原先生の「第二芸術論」が、その意味でも、基本的な出発点であることに疑いはないが、もう少し創作と受容両面の現場に踏み込んだ議論が必要であると感じるのは、今も変わることはない。

本城格助教授の演習は、二〇行か三〇行ばかりの仏語テクストを当日渡されて、その場で辞書を使って和訳し、翌週添削したものを返してもらう、という読解の訓練であった。これは後になって知ったことであるが、ちょうどその頃第三版が刊行されたばかりの、伊吹武彦編『解釈法』〈フランス語学文庫〉12、白水社刊、一九五七年初版）の実践コースなのであった。執筆陣には本城さんの他、ほとんどすべての教養部の先生方が加わっておられた。基礎篇と応用篇からなる二〇〇ページ余の小冊子であるが、今でもその価値の失せない名著であると思う。

教養部から出講の林憲一郎助教授の研究「モリエールとコンメディア・デラルテ」は、正直に言ってあまり面白くなかった。イタリア語の文献を使ってモリエールの作品を読み返す、というのが趣旨であったが、あらすじと登場人物の紹介のみに終始したきらいがあったのではないか。

同じく教養部から出講の大橋保夫助教授は、三回生で「フランス語史」、四回生では「ヴェルレーヌ」の講義を受けた。後者は唯一のフランス近代詩についての講義であったから、わたしにとってたいへん貴重な機会であった。第一詩集の『サチュルニヤン詩集』を、モーリス・グラモンの詩法やリズム分析を援用しながら、丁寧に読み解いて行かれるのであったが、取り上げられた詩篇は詩集冒頭の数篇にとどまった。博覧強記の大橋先生の講義は、話があまりにも多岐にわたり、詩のテクストをじっくり読み込む、というものではなかったように思う。

招聘外国人教師に、「スタール夫人の末裔」と噂されるド・ラ・ムッセー氏（通称ドラ息子）がいた。フランス語小論文の作成を教わった。ときどき亜麻色の髪をなびかせる美女を伴って図書室に現れるので、「あの美しい人は誰ですか」と尋ねると、すかさずma cousineと答えて、わたしたちを面白がらせた。ちょうどその頃、クロード・シャブロルの映画「いとこ同士」Les Cousinsが、遅ればせながら日本でも公開されていて、一部の学生の間で話題になっていたからである。

仏文以外では、ドイツ文学の大山定一教授が著名であったが、残念ながらほとんど休講であった。真偽のほどは定かではないが、行きつけの祇園の小料理屋で酔いつぶれているに違いない、との噂であった。通常は文学部の掲示板に「＊＊教授、本日休講」と張り出されるのに、大山教授の場合は、休講が日常化しているのでごく稀に出講されると、「大山教授、本日講義あります」の張り紙が掲げられるとのことであった。事実わたしの「ドイツ文学史　大山教授」と表書きした大判の大学ノートは、最初の五ページだけが使用されているのみで、残りはすべて空白のままである。

英米文学は、中西信太郎教授と菅泰男教授の講義を聴講した。いずれもシェークスピアを対象とするもので、前者は『ソネット集』、後者は演劇と劇場についてのものであった。教職課程に求められる単位に関連するからか、いずれも英文科以外の受講生の数が多かったが、わたしには印象の薄い講義であった。

特筆すべきは、吉川幸次郎教授の「中国文学史」であった。開口一番の託宣は以下のようなものであった。「西洋文学の関心は、他世界に向けられており、叙事詩より始まる。東洋の場合は、より日常性に密接している。中国文学は、詩に関する限り、地上の悲哀にかかわっている。歴史への関心が高く、歴史書から文学書への上昇が見られる。中国には神話は存在しない」。吉川先生はこれにつけ加えて、「日本文学の一特徴は、哲学の欠乏である」と断言された。

すべてが挑発であり、またあまりにも大きな課題の提出であった。これをそのまま聞き捨てにする訳にはいかなかった。「中国に神話は存在しない」などという断言は、のちに西王母に関する大著を出すことになる小南一郎氏（人文研元教授、現泉屋博古館名誉館長）などを、困惑させるばかりであっただろう。わたしのようなものでも、「西洋文学」を「フランス文学」に置き換えると、様々な疑問や反論が群がり起こってくるのであった。リュトブフやヴィヨンなどの中世抒情詩は、本当に「他世界への関心」に基礎を置くのか、とてもそうとは言い切れないのではないかと思った。これ以降、大学院修士課程の二年間、「唐詩の諸問題」を研究題目に掲げる名講義の末席を汚すことになった。すでに機会あるごとに語ってきたことであるが、この講義はわたしの『落日論』執筆にもつよい影響を与えた。

三回生の春から、松島征君と小西嘉幸君と語らって読書会を始めた。ヴァレリーの『レオナルド・ダ・ヴィンチ方法序説』、ついでマラルメの『詩集』（ドゥマン版）を読んだ。いずれも難解なテクストばかりで、わたしはおのれの語学力と読解力の限界を、思い知らされることがしばしばであった。しかし松島君の語学力と小西君の緻密な思考力に助けられながら、少しずつ読み進めて行った先に、ほのかな明りが見え始めた時は嬉しかった。マラルメの「晦渋」と「秘教性」にしばしば立ち往生した経験は、後年「象徴詩の難解さと解釈をめぐって」（宇佐美編『象徴主義の光と影』所収、一九九七年、ミネルヴァ書房刊）という論考を書いた時に、多少の支えになったに違いないと思っている。ちなみにこの本には、松島君の「物語テクストにおける象徴の作用」と、小西君の「ロートレアモンの位置」が収録されていて、ともに力作である。青春の思い出と友情の証として、ここで改めて想起できることは幸せである。

読書会といえば、このころサルトルの『存在と無』を原文で精読する試みを半年ばかり続けた覚えがある。哲学科博士課程の浅野楢英氏をチューターにして、フランス哲学専攻の四回生・佐藤公一氏ほか数名が集まり、アリストテレスの存在論に照らして、サルトルを読み直すという試みであった。原書の五分の一ほどで中断したが、西洋哲学の根の深さを少しだけでも実感できたことに満足した。浅野氏は伊東静雄の文学にも造詣が深く、この方面でも刺激を受けた。同氏はのち東北大学の、佐藤氏は香川大学の、それぞれ哲学科教授になられた。

先にも少し述べたように、わたしはこれらの読書会を始めた頃から、ランボー研究に本格的に打ち込もうとの決意を固めていた。当時プレイヤード版の全集は、ルネヴィルとムーケの共編になる、校訂も注釈も極めて不完全な一九四六年版しかなく、校訂版としては、ブイヤーヌ・ド・ラコストがメルキュール・ド・フランスから一〇年がかりで出した三冊（『詩集』一九三九年、『地獄の季節』一九四九年、『イリュミナシオン』一九四九年）があるきりであった。わたしが大学に入学した年、すなわち一九六一年に、シュザンヌ・ベルナールによる詳細な注を加えた校訂版が、ガルニエ古典叢書の一巻として出版された。いま振り返ると、この女性の碩学はわたしにとって幸運の女神であった。黄表紙の作品集を、フランス語の基礎もおぼつかない二回生の春から、まるで聖書のように絶えず持ち歩いていたことを、懐かしく思い出す。

この「女神」については、のちに触れることもあろうが、とりあえず以下の概要のみをここで付言しておきたい。シュザンヌ・ベルナール（一九三二—二〇〇七）は、カナダのケベック州出身の作家・文芸評論家・社会学者。一九五九年にニゼ書店から、浩瀚な博士論文『ボードレールから現代にいたる散文詩』と『マラルメと音楽』と題する著書を、相次いで刊行した。社会学者としては、「死」と「喪」に関する研究で知られる。また中世の人々の暮らしに取材したいくつかの小説や、一〇年にわたり滞在した中国に関する著作もある。最晩年に書いた自伝的な作品『パサージュ』では、末期癌に罹った自らの闘病生活にも言及している。官立アカデミズムの世界には収まりきらない、スケールの大きい、多彩な才能の持ち主であったようだ。一度は会ってみたいと願った著述家であったが、残念ながらその機会に恵まれなかった。

第五章　関田町

三回生の終わり頃、一九六四年二月末ではなかったかと記憶するが、吉田中大路から関田町（界隈の通称、町名で言えば田中大堰町）に宿替をした。旧西園寺邸清風荘の通りを隔てた北隣に位置する、農地改革以前は大地主であったと推定される家である。当てがわれたのは、二階の床の間付きの八畳間で、東の手すりからは庭を見下ろすことが出来た。岡部さんがここを出られたので、その後釜に坐ったわけである。おまけにスピーカー付きのハイファイ・ラジオを安い値段で譲り受け、文化度が少しだけアップした。

四回生の春になり、大学院進学の決意を固めると同時に、家庭教師のアルバイトを始めようと思った。学生相談室の掲示板で見た情報をもとに、五月初旬、北区船岡山の麓にある一軒の邸宅を訪れた。応接間で中学二年と小学五年の兄弟と初めて対面した。緩やかな坂道を歩いただけなのに、緊張もあってか、しきりに汗をかいていたわたしの姿を見て、弟がつと立ち上がり、冷蔵庫からおしぼりを出してきて、「はい」と手渡してくれた。よく気のつく優しい子であった。兄は鷹揚として無口であったが、一ケ月もしないうちにすっかり打ち解けて、映画のこと、好きなアイドルの話など、なんでも忌憚なく話してくれた。家庭教師をしたのは、ほんの三年間にすぎなかったが、こうして平田兄弟とは生涯の友となった。

わたしの担当は、英語と国語で、ほかに数学の先生（工学部院生）と美術の先生がいた。美術の舞原克典さんは京都市芸大の学生時代から長らく勤めていて、当時はすでに母校の教員になっておられたのかも知れない。ふたりの生徒はもともと成績が良く、教えるのにほとんど苦労はなかった。たまに一緒に映画を見に行ったり、わたしの関田町の下宿へ遊びに来たりもした。のちに兄の哲也君は慶応の文学部を出て、家業を継いで実業家になり、弟の憲史郎君は武蔵野美術大学を出て画家（筆名、黄憲）になった。哲也君は、夫人清子さんの理解と配慮もあって、ハワイのマウイ島やオーストラリアのゴールドコーストの旅に誘ってくれたりして、いろいろ楽しい思い出を作ってくれた。憲君が一九九七年に大阪の日動画廊で開いた個展は、連作の清楚な女性像から不思議なエロティシズムがこぼれ出ていて、観るものに忘れがたい印象を与えて、若い画家の将来を嘱望させた。しかし惜しいことに、その数年後、彼は働き盛りの歳で急逝した。画廊機関誌の『繪』に寄せたわたしの小文「黄憲の絵」が、あまりにも早すぎる追悼の言葉になってしまった。

卒業論文は、「ランボーにおける自我の問題」をテーマにし、少し背伸びしてフランス語で書くことにした(Le Problème de l'Ego chez Rimbaud)。サルトル初期の哲学論文「自我の超越」は、高校時代に邦訳で読んでつよい影響を受けた。これとランボーのいわゆる「見者の手紙」にいきなり現れるJe est un autre.(わたしは他者である)という断言が交錯する地平を、『地獄の季節』と『イリュミナシオン』ふたつのテクストを比較検討しながら、自分なりに計測してみようと思ったのである。その場合、概念操作の原動力となったのは、吉本隆明が『言語にとって美とはなにか』(一九六五年、勁草書房刊)で展開した「自己表出」と「指示表出」というふたつのキータームであった。一人称代名詞の使用実態とその頻度を統計的に処理する方法は、これに対応する補助線として自身で考案した。

口頭試問の主査は、前年十一月にフランス文学講座の教授に就任されたばかりの生島先生であったが、本城助教授と教養部の渡辺明正教授が副査として同席された。フランス語のミスを指摘されるのを覚悟していたので、緊張してかしこまっていると、渡辺さんが前期韻文詩「音楽会にて」からの引用を取り上げ、「木曜日の夕べ、とあるのはなぜ？」と、こちらの知識をテストするように聞かれたので拍子抜けした。昔フランスの小学校は木曜日が休みであったことは知っていたが、そこで詩人が風刺のターゲットにしているのは、子供たちではなく、「妬み深いまぬけ面をさげてやってくる、暑さで息もたえだえのブルジョワ連」だったからである。

大学院修士課程への進学が決まって間もない頃、一通のはがきが届いた。生島先生に請われて文学部の助手に就任したばかりの西川長夫さんからであった。西川さんは『学園評論』に「スタンダールのボナパルティスム」と題する長大な論文を寄稿しておられて、わたしもこれを読んで感銘を受けていたので、この連絡はうれしかった。時をおかず京大北門前の喫茶「進々堂」でお会いすることが出来た。西川さんは、わたしの卒論だけではなく、京大新聞などに書いたものをいくつか読んでくださっていて、今後のことについてもいろいろと励ましてくださった。

この日から西川さんはわたしの守護神となった。四月から西川さんを中心とする読書会に入れていただいた。メンバーは佐々木康之、天羽均、松本勤、佐藤和生、丹治恆次郎などの諸氏であった。佐々木さんと天羽さんは、それぞれ愛知大学と大阪府立大学に勤めておられ、松本さんと佐藤さんは博士課程に在籍しておられたと記憶する。丹治さんは修士課程の同期であったが、数年間の社会人としての経歴があったから、やはり大先輩の一人であった。取り上げた書籍は多岐にわたるが、ケネー『経済表』、マルクス『経済学・哲学手稿』、無着成恭編『山びこ学校』などが、いま記憶から浮かび上がる。

会の後、関田町界隈のおでん屋で二次会があって、その時のおしゃべりが楽しみだった。大陸からの引揚者だった西川さんのお気に入りは、いつもテール（牛の尻尾）だった。勘定を払う段になると、佐々木さんが「宇佐美はまだ学生だから」、と割引を提案してくださった。夏休みに若狭の小浜海岸で海水浴に行った時のことは、「若き日の佐々木さん」という小文にも書いた（『佐々木康之教授退職記念論集』、二〇〇一年、立命館大学人文学会刊）。

四月早々、生島教授から呼び出しがあり、研究テーマを見直すようにとのアドバイスをいただいた。わたしはあらかじめ、引き続き「ランボー研究」をテーマにする旨を申請していたが、生島先生は「若いうちは一つのことに凝り固まらず、広い視野でものを見る術も必要だ。君がスタンダールの『赤と黒』と『アルマンス』について書いたレポートは、どちらもよかったよ。専攻分野についてもう一度考え直して見るように」、との趣旨であった。わたしはお礼を述べて退出し、一週間ほどして、あらためてランボーについての研究を続けたい旨を申し入れた。つくづく可愛げのない学生であったと思うが、生来の「つむじ曲がり」であるから、これだけは直しようがなかった。

修士課程一、二回の生島先生の講義は、フロベールとプルーストに関するものだった。いずれも学部生の時に聞いたスタンダールと同じく、全力投球の充実した内容だった。わたしは研究対象を変えなかった償いというわけではないが、このふたりの大作家の作品は、素人なりにかなり熱心に読み込んだと思う。その成果は、修士論文のテーマと内容だけではなく、その後の著作にも多分に影響を及ぼしていると思う。

ほかに本城助教授の演習「フランソワ・ヴィヨン」は、テュアーヌをはじめとする数種の注釈書をたよりに、中世フランス語のテクストを、いわば手探りで読解するような地味な作業であった。吉川教授の二年間にわたる研究「唐詩の諸問題」については、すでに触れたところであるが、この講義から受けたインパクトは、たとえようもなく大きかった。

当時、仏文科院生の研究誌として、およそ一〇年の歴史を持つ「フランシア」という年報があった。論文掲載の可否は、事実上、主任教授の推薦によって決められていたように思う。わたしなどには絶えてお呼びがかからなかった。まわりには、スタンダール、フロベール、プルーストを専攻する学生が群れをなしていたから、しごく当然のことであった。のちに、七〇年安保の学生の反乱で、この研究誌があっけなく叩き潰された、との報を耳にした。悪しきアカデミズムの象徴と見なされたのであろうか、「破壊は易く創るは難し」とも思ったが、わたしには別段、うれしくも悲しくもなかった。（仏文同期に昨年鬼籍に入った浜本正文君がいたが、彼は卒論と修論にプルーストを選び、この大作家と向き合うために学部大学院合わせて三年ほど留年した。誠実な向き合い方ではなかったかと思う。その後愛知大学に奉職してから、ブランキやボリス・ヴィアンの翻訳に打ち込み、独自の研究領域を開拓した。）

一九六五年の夏休みに入る直前に、「九州大学新聞」の津田と名乗る編集者から、

「清岡卓行論」の執筆を依頼された。この新聞が半年ほど前から連載を始めていた「戦後詩人シリーズ」の一環とのことであった。清岡卓行にわたしを結びつけたこの編集者の意図は、おそらくランボーという共通項から何らかの化学反応を期待した、ということではなかったかと思う。後年、その点が気になったので、九大新聞に連絡を取ってみたが、津田という人の消息はついにわからないままに終わった。

わたしが、清岡さんの第一詩集『氷った焔』（ただし書肆ユリイカ刊行の原本は極めて稀少で、知人の中谷寛章君から一時借り受けて、ユリイカや思潮社のアンソロジーに載っていない詩篇に関しては、手書きのコピーを作った）と第二詩集『日常』に加え、一冊の評論集（『廃墟で拾った鏡』）を携えて郷里へ帰り、夏休みの四〇日ばかりを費やして一気に書き上げた詩人論は、十月と十一月の二回に分けて同紙に掲載された。不思議なめぐり合わせと言うほかはないが、十一月下旬、たまたま京大文学部で行われた現代詩に関わる座談会に、清岡さんが飯島耕一、大岡信、渡辺武信の諸氏と共に出席される、ということがあった。座談会途中の十五分ほどの休憩のとき、わたしは思い切って演壇に近づき、清岡さんに「九大新聞にわたしが書いた詩人論を読んでくださいましたか」と尋ねた。清岡さんはその存在すらご存知ないようであった。

わたしは「では九大新聞にお送りするように頼んでおきます」と言って引き下がった。

この日の出来事については、十三年後、清岡さんが毎日新聞夕刊の「めぐりあい」というコラムに、「中年の心を支えた青年の一文――宇佐美斉の詩人論」と題して、詳しく書いてくださっている（一九七八年十一月二十八日付）。その後わたしが清岡さんから受けたご厚誼は数知れず、そのご恩に充分に報いることができないまま、詩人は二〇〇六年六月三日、満八十四歳の誕生日を目前にして永眠された。折あしくわたしは、京大人文研を定年により退職した直後から、友人イヴ゠マリ・アリューの招きにより、南仏トゥールーズ・ル・ミライユ大学に三ケ月ほど出講して帰国したばかりの身であった。

わたしに出来た唯一のことは、ようやくその一〇年後になって、『清岡卓行の円形広場』（二〇一六年、思潮社刊）なる一書を詩人に捧げることのみであった。蛇足ながら、ここで表題に用いた「円形広場」という言葉は比喩ではない。ひたすら一義的に、大連の「大広場」とパリの「エトワール広場」そのものを指している。読んでくださった方にはすぐに了解していただけると思うが、清岡卓行の文学世界を貫く時間と空間を、物理的にも、また精神的にも、過不足なく言い当てるはずの、まさに「象徴的なトポス」なのである。ある友人が、出口裕弘の『辰野隆　日仏の円形広場』（一九九九年、新潮社刊）との類似性を指摘してくれたが、いうまでもなくこの場合の「円形広場」は、「東大仏文」の始祖として、日仏両国を往還する道の中心にあった人物の、いわば類例のない立ち位置を、あくまでも隠喩的に言い表す言葉にほかならない。（余談ながら、出口さんが二〇〇七年に『坂口安吾　百歳の異端児』で蓮如賞を受けられた際、お招きを受けて臨席し、親しく懇談する機会を得た。授賞式の後、出口夫妻と三人で、席を変えてささやかな祝宴をはったことも忘れがたい。）

その後、ほぼ一年をかけて修士論文を書き上げた。タイトルは「『イリュミナシオン』と絵画」（Les *Illuminations* et la Peinture）。ランボーの散文詩集『イリュミナシオン』を、ヴェルレーヌの証言通り、英語由来の「着色版画」と捉え、その方向から、いくつかの代表作を読み解こうとした。着目したのは、その絵画的な空間構成であり、さらに光や色の独特な描き方であった。たまたま同時代に創作活動を行なった印象派の画家たちの手法との比較検討、またプルーストの『失われた時を求めて』に登場する画家エルスチールの描法との親近性など（この点については、シュザンヌ・ベルナールの論考から大きな示唆を得た）にも、つとめて言及した。

口頭試問の主査は生島教授、副査は桑原教授と英文科の御輿員三《おごしかずぞう》教授であった。わたしは桑原さんへの対策に集中した。長短とり混ぜてランボーの詩篇五つを、確実に暗誦できるよう準備したのである。なぜなら、ある先輩から「桑原さんには気いつけや」と言われていたからである。何年か前の卒論の試問で、ある学生が、「ランボーが好きなら、ソネットのひとつやふたつ暗誦できんようではあかんで」と言われ、あえなく沈没したとのことであった。どうやらランボーかぶれの仏文の徒がお嫌いのようであった。

わたしは、これは桑原さんの小林秀雄嫌いに起因しているのではないか、との疑念を抱いている。戦後まもないころ、京都から「世界文學」という雑誌が刊行されていて、編集主幹の伊吹武彦先生が、東京から小林秀雄を招いて（ふたりは東大仏文の同期）、生島遼一、桑原武夫両先生を交えて、四人での座談会が組まれたことがあった。小林前半の文学談義は小林の独壇場であったが、後半に入って少し流れが変わった。小林が富岡鉄斎への関心をあらわにすると、桑原さんの逆襲が始まった（かのように思われた）のである。鉄斎は京の日常文化に溶け込んだ身近な存在であり、大仰な芸術作品として鑑賞の対象となるようなものではない、との趣旨の発言ではなかったか。

若いころ、熱心な小林秀雄の愛読者であった杉本秀太郎さんは、京大に入り桑原さんの薫陶を受けるに従い、次第に小林から離れ、やがて小林の「無教養」を口にされるようになった。そして小林の没後、痛烈な小林批判を公にされたが、あたかも「昔の愛人」への訣別宣言と思われかねないような一文であったので、ひどく驚いた覚えがある。

書庫を物色して杉本さんの一文をようやく見つけ出した。新潮社が小林の生誕百年を記念して出した二〇〇一年四月臨時増刊号のうち、コラム《わが小林秀雄》の一編である。「古い手紙」と題する二ページの小文であるが、慇懃無礼とまでは言わないものの、中身はかなり辛辣である。

《十七歳のとき、創元選書に収められたばかりの『ランボオ詩集』を読んで、それから二十一歳までの五年間、私はあなた様の忠実なる僕でありました。僕というよりも奴隷というべき有様でした。（中略）当時、私は父に反抗し、脛かじりの身で父の一切を嫌っていました。父と同じ明治三十五年生れだったあなた様は、奴隷の主人でありかつ奴隷の父でもあったのでした。しかし、一寸の虫にも五分の魂です。あなた様という主人にして父なる存在に対しても、やがて謀反気があたまを擡げました。

《折しも、あなた様のような無教養な育ちとはちがう作家、石川淳の諸作を知り、鷗外の『澀江抽斎』、荷風の『下谷叢話』、堀口大学、山内義雄の訳詩集にしたしむうちに、文章は気合いの前に学問がなくては書けたものではないことに気付いて、私はどうやらあなた様の桎梏を脱するを得たのでした。(後略)》

ここに桑原さんの名前が出てこないのは、いささか奇異な感がしないでもない。杉本さんの二十一歳といえば、まさしく京大仏文の徒であった時代に他ならないからである。わたしが杉本さんから直に聞いた話は、桑原さんへの師事と小林ばなれとが同時進行したことを裏付けていた。しかしよく考えてみれば、桑原さんのものの考え方が、たまたま小林ばなれに多少の拍車をかけた、というあたりがことの真相であったのかも知れない。

わたしの場合、小林訳ランボー(岩波文庫版『地獄の季節』、これには『飾画』と題して『イリュミナシオン』が併録されている)を十五歳の頃に手にして以来、数十年にわたって、比較的熱心な小林の読者であり続けたことを否定しない。ただこれまで述べてきたような経緯で、「投企」と「アンガージュマン」を繰り返し、また吉本隆明の「自立思想」を熟読する過程で、少しずつ「小林の毒」を中和してきたのではないだろうか。したがって、わたしが小林を「桎梏」と感じる理由もなかったわけである。

話を試問に戻すと、桑原先生は一言、「文学における印象主義をどう考えるか」と尋ねられた。予期していた問いであったので、心して答えようとした時、生島先生が、「ここにも大概のことは書いてあるが」と言って、フロベールやプルーストを中心とする、十九世紀後半から二十世紀初頭にかけて活躍した作家たちの、印象派風の描写法について持論を展開された。生島さんはわたしを擁護してくださったのだろうか。それとも親友である桑原さんに自説の一部を開陳したくなられたのであろうか。わたしにはわからない。いずれにせよ、暗誦を披露する機会は失われた。

一週間ほど経った二月下旬のある寒い日、生島教授から急に呼び出しがかかった。恐る恐る研究室を訪れると、生島さんは、「君に良い就職の話がある。関西学院仏文科の専任助手なのだが、明後日、伊吹さんが面接に来られるから予定しておくように」とのことだった。わたしは驚きかつ狼狽した。そんなに早く就職するとは考えてもいなかったからである。百万遍角の本屋で受験雑誌を拾い読みして、関西学院が兵庫県西宮市上ケ原にメイン・キャンパスを持つ、ミッション系の学園であることを知った。関西私学の名門であることはなんとなく知ってはいたが、具体的なことは何も知らなかったのである。

面接の日、伊吹さんは終始ニコニコしておられた。「学生はおとなしく、よく勉強するし、先生がたも紳士ばかりです。君の前任者である加藤（林太郎）君と同じように、二年間のフランス留学も出来ますよ」。そして少し改まって、「ただしひとつだけお願いがあります。この春、仏文科創設以来、初めて卒業生を出すので、大学院の修士・博士両課程を同時に創ります。ついては君に博士課程の最初にして唯一の学生になってほしいのです。無試験であることはもちろんのこと、入学金や授業料などはいっさい無用です」。黙って聞いておられた生島先生が、横から「伊吹さんの詩の講義も受けられるしね」と、ひとこと付け加えられた。

ほんの一瞬、「異分子は排斥されるのか」という僻み根性が脳裏を過ったが、わたしはすぐにこれを打ち消して、恩師の親心であるに違いないと思い直した。こうしてわたしは二十四歳で職を得たわけであるが、今から考えれば、「青田刈り」ではないかとの感想が洩れ聞こえても、おかしくはない事例だろう。当時の仏文科院生の就職状況について少し補足しておきたい。三回生で仏文科を選んだ時から、フランス語教師の職を見つけることの難しさは、どこからともなく聞き及んでいた。博士課程を終えた後、定時制高校の英語の先生をしながら、どこかの私大で非常勤講師をしながら研究を続けている、という先輩方がおられることも知っていた。

流れが変わったのは一九六〇年代半ば過ぎ頃ではなかったろうか。桑原さんが講義の中で、ド・ゴール大統領とアンドレ・マルロー文科相の文化輸出政策に言及されたことは先に述べた。フランスのファッションやモードへの関心がにわかに高まったのもこの頃からであった。しかし今になって考えれば、それよりもさらに重要なことは、日本の高度経済成長に伴う大きな社会変動であったに違いない。これにより女子教育の中核が、女学校や短大から四年制大学へとシフトするようになったのである。

当時、早稲田の暉峻《てるおか》康隆、慶應の奥野信太郎、池田彌三郎ら、数名の有名教授が、「女子学生亡国論」などという言説を面白おかしく展開して、マスコミを賑わせたことがあった。つまらない議論であったが、第二外国語にフランス語を選ぶ学生が急増したのは、この女子学生の急増と連動していることだけは事実である。さらにそれまで一部の国公立にしかなかったフランス語フランス文学科が、あちこちの私大で創設されたのもこの頃であった。つまりこれ以降しばらくの間、フランス語教師は売り手市場であったのである。

生島研究室での面談を終えて三日ほどして、関田町のわたしの下宿へ加藤さんが急ぎの使者として来られた。伊吹先生の「無試験であることはもちろんのこと、学費等はいっさい無用」との発言に対する「訂正とお詫び」であった。「申し訳ありません。形だけの筆記試験を受けてください。学費はすべて研究室の費用から出します」とのことであった。

こうしてわたしはほぼ同じ時期に、京大と関学ふたつの博士課程への進級試験を受ける羽目に陥った。腑に落ちないところもあったが、ひとつだけいいことがあった。英語の筆記試験の採点をされた関学英文科の矢本貞幹先生から、お褒めの言葉をいただき、その後も親しく接していただいたのである。岩波文庫のトーマス・スターンズ・エリオット著『文芸批評論』の訳者であることを知っていたから、無邪気にうれしかった。阪神香櫨園のご自宅にも呼んでいただき、エリオットやアーサー・シモンズの批評、あるいは彼らとフランス象徴詩の関係などについて、詳しい解説をお聞きすることができたのは幸いであった。

第六章　上ケ原

一九六七年四月、わたしは西宮市上ケ原の関西学院大学に仏文科の専任助手として赴任した。住まいは、阪急神戸線沿線の武庫之荘というところに小さな借家を見つけた。実はわたしには結婚の約束をした竹中幸子という同い年の女性がいた。富山県高岡市出身で、同志社大学文学部を出て、当時、大阪造幣局の資料室で司書の仕事をしていた。知り合ったきっかけは、彼女が同人誌「状況」の読者であったことである。就職が決まる数ケ月前には、すでに彼女と結婚することを決め、双方の両親の了解も得て、略儀ながら結納の儀も済ませていたのである。ささやかな世帯を構える準備をしようと考えたのはその流れの帰結である。念を押すまでもなく、結婚を決めたのが先で、就職が決まったのはその数ケ月後のことである。この点については、軽い揶揄の対象にされたことがある（「現金なやつだな」といった類の軽い冗談に過ぎなかったが）ので、一言だけ付け加えておく。

五月七日、近衛通の京大楽友会館で式を挙げた。はじめに仲人役を西川長夫ご夫妻にお願いしたが、固辞されてしまった。西川さんのアドヴァイスに従い、伊吹先生ご夫妻にお願いした。司会の西川さん、そしてアシスタントの佐々木康之さんが、会費制のこの手づくりの儀式を実現してくださった。佐々木さんは当時体調を崩して京大病院に入院中のところ、そこから抜け出して来てくださったのである。このおふたりをはじめとする八〇名近くの参列者の方々への感謝の気持ちは、今も失うことはない。フィナーレのハプニングとして、黄憲君が描いたわたしの上半身・等身大の肖像画が披露された。この絵は今もわたしの書斎に飾られていて、これを書いているわたし自身を見守ってくれている。

関西学院大学のメイン・キャンパスは、阪急電車の甲東園駅から閑静な住宅街を抜けて、徒歩十五分ぐらいかけてゆるやかな坂道を登った上ケ原にあった。六甲連山の東端を標す甲山を背にしているので、気候もいくらか温暖なように思われた。ヴォーリズの設計になる瀟洒な建築群が、楕円形の中央芝生を取り囲んで美しい調和を保っている。好天に恵まれた日などに、学生たちが思い思いに、芝生の上に寝転んだり、輪になって談笑したりする風景は、しばしば「上ケ原牧場」などと言われたものである。その後わたしは、学会などで全国の大学をあちこち訪れたことがあるが、関学の上ケ原キャンパスの美しさは、今でも比類のないものであると思っている。

ところで関学でのわたしの身分は、「専任助手」と「博士課程の学生」という二重のものだった。前者については少し説明を要する。着任早々、助手に「専任助手」、「専任助手補」、「嘱託助手」、「嘱託助手補」の四つの階層があることに、わたしはたいそう驚いた。最初の「専任助手」は助手の特権階層であった。教員としての給与ベースと将来の昇進をほぼ約束されていた。「専任助手補」には、わずか月一万円（当時）と交通費が支払われるだけだった。「嘱託」と名のつく助手はいずれも無給だった。歴史の浅い仏文科以外の八つの学科の例を見ると、これらほとんどのポストが、博士課程の学生によって占められているようだった。

仏文科には、創設以来、学科の事務を一手に引き受けてくれる英文科出身の炭田誠子さんがいた。身分は「専任助手補」であったが、研究室の費用から多少の補助を受けていたのではないかと思う。彼女がいなかったら、加藤さんの例に倣ってわたしは

郵便はがき

恐縮ですが、切手を貼ってお出し下さい

531-0071

〔受取人〕

大阪市北区中津3－17－5

株式会社
編集工房ノア
行

★通信欄

通信用カード

お願い

このはがきを、当社への通信あるいは当社刊行書のご注文にご利用下さい。このはがきを利用いただくと、より早く、より確実にご入手できることと存じます。お名前は愛読者名簿に登録し、新刊のお知らせなどをお送りさせていただきます。

お求めいただいた書物名

本書についてのご感想、今後出版を希望される出版物・著者について

◎ 直接購読申込書

(書名)	(価格) ¥	(部数) 部
(書名)	(価格) ¥	(部数) 部
(書名)	(価格) ¥	(部数) 部

ご氏名　（　歳）電話

ご住所 〒

書店配本の場合	取	この欄は書店または当社で記入します。
県市区　書店	次	

フランス政府給費留学生として、二年間もパリで学ぶことはできなかっただろう。わたしは今でも彼女に対して、感謝の気持ちとともに負い目をも感じているが、ほんの少しだけその負い目を軽減するような出来事があった。そのころ飲み友達でもあった哲学科専任助手の三井善止君が、彼女と親しくなるきっかけを、たまたまわたしが作ることができたのではないか、と勝手に思い込んでいるからである。ふたりはやがて結婚して、今は三井君の赴任地である、関東圏のある学園都市で幸せに暮らしているはずである。

学生としての身分については、仏文科共同研究室で受けたいくつかの講義の話をしておかなければならない。受講生は修士一回生の四人にわたしを含めた五名。一期生である四名の後輩は、大切に育てられて来たこともあり、いずれも秀才ばかりであった。特に中世フランス語学専攻の岡本弘次君とボードレール専攻の加藤和孝君は優秀で、わたしはしばしば緊張を強いられた。その後ふたりはそれぞれ、大阪外国語大学と関西学院大学経済学部のフランス語教授になった。

もっとも感銘を受けた講義は、伊吹先生のヴァレリー『若きパルク』の精読であった。作品の成立と表題の由来についての解説から始まり、あとはきっちり計算して組み立てられたスケジュールに従って、全五一二行を一年間かけて丁寧に読み解いて行くものであった。アラン、ヌーレ、ヴァルゼール、ベモル、ギローなど、旧釈の検討にも怠りがなかったが、多くの場合それらは最終的には否定され、独自の読みが示された。ジュール・マルーゾーの『フランス文体論提要』(一九六三年再版)に依拠して、ときどき見事な音韻論とリズム分析を展開されたことも忘れ難い。

わたしはこの文体論を応用して、しばしばランボーの読解に役立てた記憶がある。例えば「酔っぱらった船」(Le Bateau ivre)第六連、大海に身を委ねた船がとつぜん至福を味わう場面。Et dès lors, je me suis baigné dans le Poème / De la Mer, infusé d'astres, et lactescent,(そしてその時から　私は身を浸したのだ　海の詩のなかに／星を注がれ　乳色に輝いて)。EとOの半諧音、そして三、五、四音の変異リズムの繰り返しが、この詩の前半部におけるもっとも大きな転調を、見事に体現しているだろう。

伊吹先生は、受講生の注意力が弛緩する頃を見計らって、ときおりフランスの小噺や俗語表現などについてのコメントを挿入された。二期生の高田廣子さん(のち中島と改姓、大阪市立大学名誉教授)から聞いたところによれば、こうした工夫と配慮は、文学史や文学概論などの講義では、より多くなされていた、とのことであった。

もはや、伊吹訳『若きパルク』が存在することは、明白であると思われた。後年、「どうしてご自身の『若きパルク』を出版されないのですか」、と思い切って聞いたことがある。「鈴木（信太郎）先生の名訳があるからね」の一言だった。これと関連して思い出すのは、伊吹先生の定年退官講義「空間の詩学」が、京大の法経第三教室で行われた際のことである。東京から恩師の鈴木信太郎氏が来ておられ、伊吹さんが講義の最後にそのことに触れて、謝意を表された。司会者から短いコメントを求められた鈴木さんが、その場で立ち上がり、伊吹さんの学風を「軽騎兵のような活躍ぶり」とたたえられた。この師弟の関係には、他者の容喙《ようかい》を許さないところがあるのかも知れない。

高塚洋太郎教授は、関学の予科を出てから、京大言語学の泉井久之助門下となった、中世フランス語学者であった。事実上、関学の仏文科創設を中心となって成し遂げた功労者であった。わたしは十三世紀フランスの歌物語『オーカッサンとニコレット』Aucassin et Nicolette の演習に出たが、綴字と音韻変化の関係を数式のようにして解いていく方法には面くらった。京大で本城格助教授のヴィヨンの演習に出た経験は、まるで役に立たなかった。年度末のレポートは、仏語散文訳をたよりに、作品論に終始したものを提出して、かろうじて及第点をいただいた。たぶんお情けだったのだろう。

ほかにミッシェル・ロシェという中等教育免許証（CAPES）を持つフランス人教師がいた。この先生からは小論文作成の指導を受けた。あるとき「詩人の沈黙」という課題が出た。わたしはランボーとヴァレリーの「沈黙」について、いつもよりかなり長いレポートを書いて提出した。二週間後、共同研究室で高塚教授と雑談をしていると、ロシェさんが入ってこられ、いきなりわたしのレポートを絶賛された。高塚さんは、「彼はその方面の専門家ですから」と一言付け加えられた。褒め言葉なのか、そうでないのかは、即座にはわからなかった。確かにおあつらえ向きの課題であったのだから、ロシェさんの評価は多少割り引いて受け止めるべきであっただろう。

一九六八年四月から、京大文学部を定年により退職されたばかりの生島遼一先生が、関学仏文科の新しいスタッフに加わられた。一年前の二月の三者面談の時には、すでにこの筋書きが出来あがっていたのに違いなかった。世事に疎いわたしは驚いたが、その頃には、伊吹、生島両先生を抱える関学で、秋の日本フランス語フランス文学会の全国大会の開催が決まっていた。大会当日は、トランシーバーを持たされ、学内のあちこちをかけずり回っていたことだけを覚えている。

ただし、断片的な逸話はいくつか思い出せるので、以下、備忘録風に記す。その一、役員会の会場に選ばれた料亭「播半《はりはん》」へ、先生方と一緒に下見に行ったこと。その日、伊吹先生は、終始ご機嫌であった。その二、東京のある私立大学の仏文科の助手から電話があり、「おたくの大学のキャンパスの中か、あるいはその近辺に、酒を飲ますところはありますか」と聞かれた。「学内で酒を飲むところはありません。居酒屋やレストランなら、阪急の甲東園駅か仁川駅の周辺にいくつかあります」と答えた。助手氏は「わかりました、では、ポケットサイズのウイスキーを持参します」と言って電話を切った。同じ身分のものとして、このような気苦労もあるのかと同情した。彼の仕える教授が著名なモリエールの翻訳者であることは知っていたが、アルコールが切れると禁断症状に陥る、というほどのことであったのだろうか、今でも不思議である。

こうして関学でのわたしの生活は、大過なく順調に滑り出したかに思われた。ところが着任後一年あまり経った頃、途方もない事件が持ち上がった。知られているように、一九六八年はパリの五月革命に呼応するかのように、日本でも全国の多くの大学に学園闘争が広がった年である。東京大学では、大学組織の改革を求める学生たちにより、安田講堂を初めとする施設が長期にわたって占拠され、翌年の入学試験すら行われなかった。日本大学でも、使途不明金に端を発する学園民主化闘争が吹き荒れた。西日本では関学の授業料値上げ反対闘争が、大方の予測に反して大きな盛り上がりを見せた。どちらかと言えばおっとりとした学生の多かったはずの関学生の立ち上がりは早く、瞬く間に大学封鎖と第五別館への立てこもり、そして機動隊による封鎖解除、という大事件にまで発展した。昨日までは学生、そして今日は「半学生」という身分のわたしは、途方に暮れた。

閉ざされた正門前でうろうろするわたしは、学生たちに取り囲まれ、「お前は助手やろ。他の大学より給料ええらしいが、なんぼもろてんのや」と問いただされた。「大したことはない、答える必要もない」と笑って誤魔化したが、私立大学で禄を食むとはこういうことか、と自らに言い聞かせる以外に術はなかった。学生たちは親に授業料を払ってもらっていても、こういう時は人を「泥棒扱い」するのか、と自嘲気味に呟いた。文学部事務室も共同研究室もすべて封鎖され、全教職員は仕事場として公民館や宝塚ホテルの部屋を借りる流浪の民となった。三宮の古書店で、日本史のある教授の所蔵する貴重書や仏文研究室の中世関係の復刻本が、売りに出されているとの報も耳に入った。

翌年度の学生を募集選考する事業は、私学にとって死活問題である。入試実行委員というものを仰せつかっていたわたしは、仏文科と同じく入試問題の出題に関与しない美学科や教育心理学科の、合わせて七、八名のメンバーとともに、あちこちの仮事務所を渡り歩き、至上命令とも言うべきこの事業の準備に忙殺された。翌年二月初旬の入試は、大阪中之島あたりのホールを借りて行われたのではなかっただろうか。

波乱万丈の助手生活三年目の初夏、わたしは意を決して高塚教授に、「フランス政府給費留学生の選考試験を受けてもいいですか」、と尋ねた。高塚さんは一瞬戸惑いの表情を浮かべながらも、「当初の約束だから」と言ってすんなり許可してくださった。一年ほど前から、京大の外国人招聘教師ヴィエ夫人（夫君は日本史学者のミシェル・ヴィエ氏）のフランス語小論文作成の特訓を受けていたこと、加えて伊吹、生島両先生の推薦状のおかげもあり、幸いにして合格して、一九六九年秋からのフランス留学が決まった。

ちょうどこの頃であったろうか。東京都大田区池上の清岡卓行さんのお宅に伺って、夫人の心づくしの料理をご馳走になっている時に、清岡さんからこんな話を聞かされた。「あなたの大学に岩阪恵子という学生さんがいます。ときどきわたしのところに詩を書いて送ってきます。よかったら相談相手になってあげてください」。それから間もないころ、岩阪さんが遠慮がちに仏文の共同研究室に現れた。彼女は西洋史専攻の学生で、詩集を出したいという希望を持っていた。

わたしは清水哲男さんが『喝采』を出した文童社を思いつき、その事実上の出版元である双林プリントの社主・山前実治さんを紹介した覚えがある。山前さんは自身も詩を書く人で、社員には大野新さんもいて、わたしは京大の学生時代から多少の顔見知りだったのである。岩阪さんの詩集『ジョヴァンニ』が文童社から刊行されたのは、それから半年ばかりのち（一九六八年八月）のことであった。もっともその頃は、清岡さんがとつぜん夫人を亡くされ、その数年後に岩阪さんと再婚されるなどとは思いもよらなかったが。

学生たちの反乱は、王子公園で挙行された大学側の集会をもって、急速に収束に向かった。流れを変えたのは、小寺武四郎学長が、全教職員と多数の学生たちを前にして行なった、「廃校か否か」と題する大演説であった。究極の選択を迫られた学生たちも、これ以上の抵抗は不可能と感じたのだろうか。スライド制による授業料の値上げがこれ以後定着し、再び波乱を巻き起こすことはなかった。敗北したのは学生たちであったが、以後数年間のうちに、いくつかの制度改革が行われたことに、いくらかの救いを覚えるのはわたしのみではあるまい。たとえば助手のカースト制度は撤廃され、博士課程の学生を「教学補佐」として採用する方法に切り替えられた。また教養課程の教育を重視し、教員の負担が増えることを覚悟した上で、多数の「基礎ゼミ」を開講して、学生たちの専門課程への進級を容易にした。

フランスへ旅立つ三ケ月前に、長女が生まれた。名古屋の両親も初孫の誕生をことのほか喜び、わたしたちのまわりは幸せに包まれた。しかしその喜びは、わずか一ケ月あまりのちに、とつぜん烏有に帰した。愛知県立女子大（当時）の英米文学科を卒業したばかりの、わたしの七つ下の妹が自ら命を断つという、意想外の出来事が出来した。わたしは自分のことにかまけて妹の悩みを受け止めてやれなかったことを悔いた。何かできることがあったのではないか、と今でも自責の念に駆られることがしばしばである。

父母、とりわけ母の悲しみを看過できず、渡仏を延期しようと思ったが、まわりの人々の慰めと励ましの言葉に、やさしく肩を押されるようにして、予定通り九月初旬に横浜港を出発した。そこからナホトカに船で渡り、シベリア鉄道でモスクワに向かったのである。なぜこんな迂回路を取ったのか。感傷にすぎなかったのかもしれないが、そうせずにはいられなかった。在学中の妹は合唱団の熱心なメンバーで、とりわけロシア民謡が好きだった。ナホトカからモスクワまでの一週間、わたしは硬いシートの上でみじろぎもせず、心の中で散骨するかのように、妹の魂に語り続けた。

第七章　パリ

モスクワに三泊して、以降は空路ヘルシンキへ、そしてストックホルムを経由して、パリのオルリー空港に辿り着いたのは、九月十五日、奇しくもわたしの二十七歳の誕生日だった。パリ十四区、モンスリ公園の南に位置する大学都市の日本館に、ひとまず旅装を解いた。

パリは、マルロー文科相の主導で、歴史的建造物の浄化作戦が行われていた。ノートルダム寺院は身廊や側廊の東の部分は白く輝き、二つの塔とファサードを含む西側は黒くくすんでいた。日本を出る直前に、ちょうど入れ替わりに帰国したばかりの天羽均さんから、パリの交通機関の利用法や生活習慣について、手ほどきをしていただいたことが、たいへん役に立った。少しずつ見物に出歩いたが、東京から来た同期の留学生の素早さには、しばしば驚かされた。日本の首都の交通網を乗りこなしてきた彼らにとって、パリのメトロやバスなどは至極簡明に思われたのではなかったか。

大学都市のオランダ館に住んでおられた西川夫妻が、わたしのために大きなキャンピング・ガスのボンベを残しておいてくださった。日本館では共同炊事場があったので、たまにこれでちょっとした自炊を試みたりして、偏食のわたしはたいへんに助かった。このボンベを受け取りに、マルブランシュ通に住む松本さんという人を訪れたことがある。エコール・ノルマルで数学を教えている、という飛び抜けた秀才であったはずであるが、やさしく留学生活の手ほどきをしてくださった。そのひとつに「ル・モンド紙を精読するように」という言葉があった。この教えは少なくともフランス在住の期間は、毎日心がけたつもりであるが、どうしても一部の記事にのみ目を引かれ、すべてを精読することは至難の技であった。

わたしの留学先は、当初、比較文学畑のランボー研究で著名な、ルネ・エチアンブル教授のいるソルボンヌになる予定であった。六月初旬に手紙で指導を依頼したら、八月下旬になってようやく受諾の返事が届き、末尾にこんな趣旨の言葉が添えられていた。「ただし、わたしはたいへん忙しく、目下百名ほどの学生を抱えています。あなたがご希望ならば、もっと面倒見の良い、素晴らしい先生をご紹介します」。熟慮する暇もなく、速達で「そのようにお計らいください」とお願いした。

こうしてわたしは、一九六八年の「五月革命」発祥の地である、パリ第十大学ナンテールの学生になった。学制改革によりトゥールーズからパリに移ったばかりのミシェル・デコーダン教授が、指導教授を引き受けてくださった。アポリネール研究の第一人者であり、エネルギーに満ちあふれた働き盛りの先生であった。面会当日、わたしの履歴書や業績一覧を見ながら、「君のしたいようにしなさい。(Vous êtes complètement libre.)」と言われた。国立図書館やサント・ジュヌヴィエーヴ図書館付設の特別資料室での、自筆原稿や稀覯本の閲覧、あるいは留学期間の延長手続に必要な証明書などは、いつでも書いてあげるから遠慮なく来なさい、とのことであった。わたしがすでに日本の大学でポストについていて、留学に二年間の期限があることを理解した上での、たいへん親切なご配慮であったと受け止めている。

幸か不幸か、日本で取得した修士号を認定されているので、博士課程に在籍する十五人ほどのゼミ生たちの仲間に入れてもらって、二週間に一度ぐらいのペースで出席するほかは、まったく自由であった。デコーダン教授の演習は、半分は講義、残りの半分は学生の発表だった。わたしは隅っこで小さくなって聞いていたので、発表の機会はついに訪れなかった。(翌年同じゼミに配属された恒川邦夫氏は、二度目のフランス留学でもあり、流暢なフランス語を話して、水を得た魚のような生活を送っておられたので、もちろんこの限りではあるまい。)このゼミの主題はアポリネールが中心であったが、それ以降の現代文学、例えば文学集団「ウリポ」Oulipoを取り上げ、ゲストにノエル・アルノーを招いたりした。しばしばアルフレッド・ジャリ、レーモン・クノー、レーモン・ルーセルの名が飛び交った。

ところでパリ西郊のナンテールは、いかにも淋しい町であった。わたしの知る限り、喫茶店もなければレストランもなかった。寮生以外の通学生は、cantineと呼ばれる売店でサンドイッチを買い、自動販売機で飲み物を手に入れて、休憩室のベンチに腰を下ろして、もそもそと昼食をとるのであった。

いきおいわたしは、月に二度ナンテールに行く以外は、パリ市内で過ごす時間が多かった。半年間の給付を受けて、サンシエのＩＰＦＥ(外国におけるフランス語教師養成学院)に通った。コスタリカやスペイン、それに中国や韓国からの留学生と知り合いになったのもそこだった。またソルボンヌの大講義室で著名な教授のいかにも大仰な（solennel）講義を聴講したり、ヴァンセンヌのパリ第八大学で文芸評論家のジャン＝ピエール・リシャールが、ランボーの『イリュミナシオン』読解のゼミを開いていたので、許しを得て聴講したりした。リシャールのゼミは超満員で、ふたつに分けて開講されたものの、事実上ゼミの体裁を欠いた一方的な講義に終始したのは残念であった。

国立図書館で、ランボーの自筆草稿と『地獄の季節』の初版本を、こころゆくまで、つぶさに検討することができたのは、まことにありがたいことであった。後年、自身の校訂により全詩集の翻訳を出すときに大いに役立ったし、また自筆草稿のファクシミリを収めたメッサン版『ランボー詩集』の復刻版を、臨川書店から刊行した際にも、たいへん参考になった。現在では、手稿類をはじめとして貴重な資料のほとんどが、電子化されており、よほどのことがない限り、実物を手に取ることは不可能になってしまっているからである。

パリに着いて二ケ月後、初冬のシャルルヴィルを訪れたことは、序章でも少し触れた。その旅のハイライトが、詩人旧居中庭の「厠」、その木製の扉に残されていたふたつの「ハート型の明り取り」であったこと、もはやいうまでもない。しかしその微かな光明が輝くのは、その背景にある暗がりであった。かつて関西学院の広報誌に書いた紀行文の結びの一部を以下に引用する。

《小雪の舞い散るシャルルヴィル北部の墓地に立った時、私は故郷というものの優しさと酷薄ということを、しきりに考えていた。優しさとは、故郷に対してあれほど背中を向け続けたものも、結局はその懐に抱かれて眠っている、という安堵にも似た印象であり、酷薄とは、「終境」の観念にとりつかれて、「世界のはて」へとたえず脱出を試み続けたものも、ついには自分を生み出した風土に牽引され、その地に葬られていることへの、虚しさの印象であった。

《それから一年と数ケ月後、今度は車を運転して、春先というのにはまだ薄ら寒い、ロッシュというランボー家の農場のあった寒村を訪れて、残された廃屋の壁の前に立ち尽くした時、この感慨はさらに強められた。その時、私の脳裏に浮かんだものは、「夏草や兵どもが夢の跡」の無常感でもなければ、詩人が追い求めたあの「幻の巷」への追懐でもなかった。私はそこで、詩人の妹イザベルが一八九七年に書いた「ランボーの最後の旅」という一文を、強い感動とともに思い起こしていた。それは、片足を切断された後のランボーの哀切な帰郷の模様と、ふたたび病状が悪化して、ロッシユからマルセーユの病院に舞い戻るまでの、苦難にみちた旅のいきさつを淡々と綴ったものであった。そこには、みずからの固有の時空をどうしようもなく引きずりながら、なおも夢幻にとりつかれて、執拗な現実の復讐に応戦し続けるものの、生きようとする意志の荘厳な絵姿が、はっきりと映し出されていた。シャルルヴィルとロッシュは、ランボーという存在の生と死のふたつの手綱を、しっかりと握りしめており、彼の軌跡が描いた途方もなく大きな円弧は、そのために一層つよく猛々しく張り詰めていたのである（以下略）。》

短い夏を除いて、一年の大半のパリの夜は長い。コメディ＝フランセーズ、オペラ座、そしてオペラ＝コミック座は、ほとんど日替わりのプログラムなので、ヴァラエティに富んだ演目を続け様にいくつも観ることができて、初心者にはありがたかった。しばしば安い学生料金で当日券を手に入れ、至福の時を味わった。オペラを観た後、大学都市に帰るのは夜の十一時を過ぎていたが、当時のパリはそれほど治安が悪くなかったように記憶している。一九八〇年代に何度か再訪したことがあるが、二度、三度と危ない目に遭いかけて、夜の街をひとり歩きするのはずいぶん物騒な街になったな、と痛感したものである。

日本館には十ケ月ほどいて、パリ南郊のパレゾーに移住した。名古屋にいる妻子を迎えるための準備であった。ガレージに会計係として勤める老嬢エレーヌ・リシャールさんの家の二階が、八月一〇日以降、わたしたち三人の住まいとなった。庭には林檎や梨などの果樹があり、狭いながらも芝生もあって、子供を遊ばせるのにも好都合かと思ったのである。ここには、パスカル研究者の支倉崇晴さん（のち東大教授）、医師の川上某さんなど、過去数世代にわたって家族連れの日本人留学生が住んだ、とのことであった。リシャールさんは大の日本贔屓で、わたしたちにも親切だった。いや、ときにはおせっかいが過ぎるくらい、特に子供の養育に関しては必要以上に親切なのであった。（十数年後、支倉さんの肝煎りで、リシャールさんを日本に招待したことがある。京都にも数日間滞在され、わたしたち家族の案内で、あちこち元気に見て回られたことを覚えている。）

そこからは徒歩数分でパレゾーの駅に着く。五月には白いアカシアの花が咲くほかは、鄙びて変哲もない郊外の駅であったが、リュクサンブール駅までは、ソー線に乗って二〇分ほどの距離であり、カルチエ・ラタンへの往復も比較的便利だった。ただ幼児を抱えての移動にはやはり車が不可欠であった。わたしはあらかじめ国際免許を取得しておいたので、京大仏文一期上の山本邦彦さんの紹介で中古のモーリス・ミニ・クーパーを手に入れた。

何度も故障の修理で悩まされたが、ロンドンを手始めに、ブルターニュ、ノルマンディー、ベルギー、オランダへの旅が実現できたのは、この小型車のおかげであった。一度だけ家主のリシャールさんも乗せて、南仏まで大旅行を試みたことがある。途中リシャールさんの知人の住むオーベルニュの寒村で、一泊させてもらったのも得難い経験であった。その飾り気のない、つつましい暮らしぶりは、わたしがフランスの田舎をイメージするのに大きな助けになった。

帰国前の数ケ月は、ランボーの草稿調査のほかに、アポリネール、デュラス、ボリス・ヴィアン、アラバールなどの著作の収集に励んだ。デュラスの処女作は、一般に一九四四年に発表されたLa Vie tranquille（静かな生活）と言われていたが、その前年に出版されたLes Impudents（恥知らずな人々）を、セーヌ河畔のブキニストの棚に見つけた時は狂喜したものである。

第八章　門戸厄神

一九七一年盛夏、二年間の留学を終えて帰国した。郷里名古屋の実家で骨を休めた後、宝塚の仁川駅近くのアパートを仮の住まいとした。そして一年あまりのち、門戸厄神駅の近くに家を求めて、やっと念願の小さな書斎を持つことが出来た。留守中に関西学院の制度改革はさらに進んでおり、専任助手と院生の二重身分は廃止されていた。わたしはあと一単位を取れば、博士課程修了の資格をもらえたはずであったが、高塚教授から「その必要はあるまい」と言われ、そのまま「中退」扱いになった。そしてその半年後「専任講師」、さらにその三年後「助教授」に昇進した。

関学勤務は、二年間の滞仏期間を含めて十三年に及ぶが、後半は二年持ち上がりの仏文ゼミを、四回にわたって担当した。わたしは自分の興味の及ぶところが、学生た

編集工房ノア 2024

大阪市北区中津3-17-5 〒531-0071
電話06・6373・3641 FAX06・6373・3642
メールアドレス hk.noah@fine.ocn.ne.jp

表示金額は本体価格で
消費税が加算されます

写真集 淀川 水谷正朗
流域の静と動。たゆまぬ
水と生命の交歓。3800円

阪田寛夫 讃美歌で育った作家 河崎良二

「阪田の小説を読むとは、怒りや悲しみなどの苦味を含んだ果実がどのような美味な果実に育って行ったのかを知ることだろう」阪田寛夫論。二五〇〇円

物ぐさ道草 多田道太郎のこと 荒井とみよ

斬新な発想で、社会学、風俗学を拓き、俳句に至る表層主義の世界観。転々多田道太郎の不思議と魅力を長年身近にいた著者が読み解く。二二〇〇円

沼沢地《しょうたくち》 佐々木康之

泣き笑いのような独特の味わいをもつ文章には、隠れたファンが少なくないだろう。その彼が「今生の名残」に本をこしらえた（山田稔）。二三〇〇円

メリナの国で 新編旅のなかの旅 山田 稔

「行ってらっしゃい、ムッシウ・ヤマダ」の声に送られて…。名所旧蹟ではなく人々との出会いを求めて。ギリシャ、アンダルシア、ローマ。二二〇〇円

映画芸術への招待　杉山平一

〈ノアコレクション・1〉映画の誕生と歩み、技法と芸術性を、具体的に作品にふれながら解きあかす。平明で豊かな、詩人の映画芸術論。　一六〇〇円

三好達治　風景と音楽　杉山平一

（大阪文学叢書2）詩誌「四季」での出会いから、自身の中に三好詩をかかえる詩人の、詩とは何か、愛惜の三好達治論。　一八二五円

わが敗走　杉山平一

（ノア叢書14）盛時は三千人いた父と共に経営する工場がゆきづまる。給料遅配、手形不渡り、電車賃に事欠く経営者の孤独なたたかいの姿。　一八四五円

窓開けて　杉山平一

日常の中の詩と美の根元を、さまざまに解き明かす。明快で平易、刺激的な考え方や見方がいっぱい詰まっている。詩人自身の生き方の筋道。　二〇〇〇円

詩と生きるかたち　杉山平一

いのちのリズムとして詩は生まれる。詩と形象。詩と音楽。大阪の詩人・作家。三好達治、丸山薫、花森安治、竹中郁、人と詩の魅力。　二二〇〇円

巡航船　杉山平一

名篇『ミラボー橋』他自選詩文集。青春の回顧や、家庭内の幸不幸、身辺の実人生が、行とどいた眼光で、確かめられてゐる（三好達治序文）。　二五〇〇円

青をめざして　詩集　杉山平一

アンデルセンの少女のように、ユメ見ることのできるマッチを、わたしは、まだ何本か持っている／新鮮を追い求める全詩集以後の新詩集。　二三〇〇円

希望　詩集　杉山平一

あたゝかいのは　あなたのいのち　あなたのこゝろ冷たい石も　冷たい人も　あなたが　あたゝかくするのだ。精神の発見、清新な97歳詩集。　一八〇〇円

富士さんとわたし　山田　稔

手紙を読む　約三十三年間にわたる書簡を元に、富士正晴の文学と人の魅力、わたしの歳月を往復し、VIKING他周辺の人々に及ぶ長編散文。　三五〇〇円

書いたものは残る　島　京子

富士正晴、島尾敏雄、高橋和巳、山田稔、VIKINGの仲間たち。随筆教室の英《はな》ちゃん。忘れ得ぬ人びと日々を書き残す。精神の形見。　二〇〇〇円

軽みの死者　富士正晴

吉川幸次郎、久坂葉子の母、柴野方彦、大山定一、竹内好、高安国世、橋本峰雄他、有縁の人々の死を描く、生死を超えた実存の世界。　一六〇〇円

大阪笑話史　秋田　実

〈ノアコレクション・2〉戦争の深まる中で、笑いの花は咲いた。漫才の誕生から黄金時代を、世相と共に描く。漫才の父の大阪漫才昭和史。　一八〇〇円

水差しの水　詩集　江口　節

第25回小野十三郎賞受賞　世界はいくつも重なって生きる抽象に時間が流れこむ　見えぬものを描きこむことに精魂をこめて　光と影の永遠。　二〇〇〇円

大阪ことばあそびうた　島田陽子

大阪弁の面白さ。ユーモアにあふれ、本音を言う大阪弁で書かれた創作ことばあそびうた。著者は大阪万博の歌の作詞者。　正・続・続続各一三〇〇円

希望よあなたに　塔　和子詩選集

ハンセン病という過酷な人生の中から生まれた詩は、人間の本質を深く見つめ、表現されたものばかりで、心が震えました(吉永小百合氏評)。**文庫判**　九〇〇円

塔　和子全詩集〈全三巻〉

ハンセン病という重い甲羅。多くを背負わなければ私はなかった。生の奥から汲みあげられた詩の原初。未刊行詩、随筆を加える全詩業。　各巻八〇〇〇円

余生返上　大谷晃一

「私の悲嘆と立ち直りを容赦なく描いて見よう」。徹底した取材追求で、独自の評伝文学を築いた著者が、妻の死、自らの90歳に取材する。　二〇〇〇円

またで散りゆく　伊勢田史郎

岩本栄之助と中央公会堂　公共のために尽くしたい熱誠で私財百万円寄贈した北浜の風雲児のピストル自殺にいたる生涯と著者遺稿エッセイ。　二〇〇〇円

連句茶話　鈴木　漠

連句は世界に誇るべき豊穣な共同詩。その魅力を東西文学の視野から語れる人は漠さんを措いてはない。普く読書人に奨めたい（高橋睦郎）。　二五〇〇円

象の消えた動物園　鶴見俊輔

一つ一つは短い文章だが、批判精神に富み、事物の本質に迫る論考が並ぶ。戦後とは何かを問うてきた哲学者の境地が伝わる（共同通信）。　二五〇〇円

再読　鶴見俊輔

（ノア叢書13）零歳から自分を悪人だと思っていたことが読書への原動力となったという著者の読書による形成。『カラマーゾフの兄弟』他。　一八二五円

家の中の広場　鶴見俊輔

能力に違いのあるものが相手を助けようという気組みが生じる時、家らしい間柄が生じる。どう生きるか、どんな社会がいいかを問う。　二〇〇〇円

火用心　杉本秀太郎

（ノア叢書15）近くは佐藤春夫の『退屈読本』遠くは兼好法師の『徒然草』、ここに夜まわり『火用心』、文芸と日常の情理を尽くす随筆集。　二〇〇〇円

わが夜学生　ノア叢書16　以倉紘平

『夜学生』増補〈忘れ得ぬ〉夜学生の生のきらめき。真摯な生活者の姿。母への愛。元夜学教師で詩人が時代を超えて記す、人の詩と真実。　二三〇〇円

天野忠随筆選　山田稔編

「なんでもないこと」にひそむ人生の滋味を平明な言葉で表現し、読む者に感銘を与える。二二〇〇円

草のそよぎ　天野忠

遺稿随筆集　「時間という草のそよぎ」小さなつぶやきに大きな問いが息づいている。二〇〇〇円

耳たぶに吹く風　天野忠

遺稿随筆集　詩と散文のあわい、さりげない人生の風景、ことばをとらえる短章集。一九四二円

春の帽子　天野忠

随筆　車椅子生活がもう四年越しになる。穏やかな眼で、老いの静かな時の流れを見る。二〇〇〇円

木洩れ日拾い　天野忠

（ノア叢書11）私の会った人、昔の傷、老人と時間、路地暮らし、夢のこと、茶の間の郷愁。一八〇〇円

うぐいすの練習　天野忠

遺稿詩集　老いの情景を平明な言葉でとらえた詩人の、自らの最後を見届ける完結詩集。二〇〇〇円

足立さんの古い革鞄　庄野至

第23回織田作之助賞受賞　足立巻一とTVドラマ作りで過ごした日々。モスクワで出会った若い日本人夫婦の憂愁。人と時の交情詩情五篇。一九〇〇円

佐久の佐藤春夫　庄野英二

佐藤春夫先生について直接知っていることだけを書きとめておきたい——戦地ジャワでの出会いから、大詩人の人間像。一七九六円

竹中郁　詩人さんの声　安水稔和

生の詩人、光の詩人、機智のモダニズム詩人、児童詩誌「きりん」を育てた人。まっすぐにことばがとどく、神戸の詩人さん生誕百年の声。二五〇〇円

ユーモアのある風景　織田正吉

流行の笑い、生活の笑い、演芸の笑い、日本人と
ーモアの系譜。漫才、落語、バラ
台本を書いてきた作家

私有地　天野忠

読売文学賞受賞

隅々までとぎ澄まされた、一分の隙もない詩。現代詩の貴重な達成（大岡信氏評）。二〇〇〇円

万年　天野忠

生前最後の詩集。みんな過ぎていく／人の生き死にも／時の流れも。老いの自然体。二〇〇〇円

夫婦の肖像　天野忠

「結婚より私は『夫婦』が好きだった」夫婦を主題にした自選詩集。装幀・平野甲賀。二〇〇〇円

沙漠の椅子　大野新

天野忠、石原吉郎を中心とした詩人論。迷宮である詩人の内奥に分け入る。二〇〇〇円

天野忠さんの歩み　河野仁昭

天野忠の出発と『リアル』、圭文社とリアル書店、コルボオ詩話会、地下茎の花、晩年。二〇〇〇円

戦後京都の詩人たち　河野仁昭

『コルボオ詩話会』『骨』『RAVINE』『ノッポとチビ』へ重なり受けつがれた詩流。二〇〇〇円

雪先生のプレゼント　定道明

雪《せつ》先生のプレゼントは、何の変哲もない小さな函だった。中野重治「北見の海岸」を追跡旅したあの頃。何気ない日々の移ろいに連れ添う七篇。二〇〇〇円

手足を洗う　ハンセン病回復者と看護師　阿部春代

「看護の原点がここにある！」（群馬大学名誉教授・森淑江）。ハンセン病の後遺症を抱えて生きる人たちと過ごした四十七年の歩みと信仰。二〇〇〇円

遅れ時計の詩人　涸沢純平

編集工房ノア著者追悼記　大阪淀川のほとり中津路地裏の出版社。本づくり、出会いの記録。港野喜代子、清水正一、天野忠、富士正晴他。二〇〇〇円

詩と小説の

某月某日

極私的シネマ日誌。甦るあの… い、を彩るスクリーンの夢、忘れ… 「北京好日」、「友だちのうちはどこ?」…

こないだ　山田　稔

たのしかった「こないだ」、四、五十年も前の「こないだ」について、時間を共にした、あの人この人について書き綴る。この世に呼ぶ文の芸。二〇〇〇円

天野さんの傘　山田　稔

生島遼一、伊吹武彦、天野忠、富士正晴、松尾尊兊、師と友、忘れ得ぬ人々、想い出の数々、ひとり残された私が、記憶の底を掘返している。二〇〇〇円

八十二歳のガールフレンド　山田　稔

思い出すとは、呼びもどすこと。すぎ去った人々が、想像のたそがれのなかに、ひっそりと生きはじめる。渚の波のように心をひたす散文集。一九〇〇円

リサ伯母さん　山田　稔

老いにさしかかった人たちを描く短篇集。現実と幻影の境が溶け始める。現実の老いとは違う、詩のような寓話のような老い(川本三郎氏評)。二〇〇〇円

コーマルタン界隈　山田　稔

パリ街裏のたたずまい、さまざまな住人たち。孤独を影のようにひきながら暮らす異邦の人々、異邦の私。街と人が息づく時のささやき。二〇〇〇円

特別な一日　読書漫録　山田　稔

〈ノアコレクション・9〉書物から人生へ、人生から書物へと、きままに往き来する、蘇る人の姿、街のたたずまい。自由闊達につづる。二〇〇〇円

スカトロジア　糞尿譚　山田　稔

〈ノアコレクション・7〉古今東西の文学の中の糞尿趣味を、自在に汲み取る。軽妙、反逆。時代の壁をつき破る書。名著復刊。富士正晴挿画。一八〇〇円

…の笑話の時代史。…テイと長年放送… 二二〇〇円

…の学校　辻井喬他

大阪文学学校講演集=開校60年記念出版
谷川俊太郎、北川透、高村薫、有栖川有栖、小池昌代、奈良美那、朝井まかて、姜尚中、中沢けい、… 二二〇〇円

山田…

「山田稔が固有名で… ヤンルであることは、もはや… 敏幸氏)。忘れ難い人の回顧…追想。

山田　稔自選集　Ⅰ

『ああ　そうかね』『あ・ぷろぽ』から精選された短篇に、戯文をふくむ数篇を加えて編まれた多彩な散文集。「散文芸術」の味わい。全Ⅲ集。二三〇〇円

北園町九十三番地　山田　稔

天野忠さんのこと——エスプリにみちたユーモア。ユーモアにくるまれた辛辣さ。巧みの詩人、天野忠の世界を散歩の距離で描き、絶妙。一九〇〇円

再会　女ともだち　山田　稔

〈ノアコレクション・6〉時代と人の移り変わり。もはや存在しない遠い出来事が、精神の葉々のふるえのようによみがえる。一九〇〇円

幸福へのパスポート　山田　稔

〈ノアコレクション・5〉フランス留学生活で自ら選んだ孤独。内なる感情の起伏と、人々のあわいふれあいを繊細に描く「散文芸術」の復刊。一九〇〇円

マビヨン通りの店　山田　稔

加能作次郎、椎名其二、前田純敬、忘れられつつある死者の姿を鮮やかに描く。「転々多田道太郎」「小説となって腐ってゆく寸前」の魅力。二〇〇〇円

影とささやき　山田　稔

〈ノア叢書7〉作家で仏文学者の著者がさりげない日常風景の中に描く時代の光と影。フランスでの日日、師との出会い、小説仲間との交流。一八〇〇円

ちの教育にもつながると勝手に考えて、ヴィヨンからプレヴェールまでの詩選集と、「フランス詩法の基礎知識」と題する小冊子を作って、手ずからワープロで打ったものを製本所にまわし、それを学生たちに配布した。ゼミ生が卒業論文にボードレールやランボーを選ぶことは稀であり、スタンダール、コレット、ボーヴォワール、サガンなど、小説家を選ぶものが圧倒的に多かったことは事実である。それだからこそ、詩のテクストを原文で精読することは、事実上、邦訳に依拠して論文を書くことの多い学生たちにも、極めて有意義なことであろうと、わたしなりに考えたのである。

ゼミ旅行やコンパも含め、学生たちとの交流は楽しかった。また二冊の評論集(『詩と時空』深夜叢書社刊、『ランボー私註』国文社刊)や数点の翻訳書(アラバール『鰯の埋葬・バビロンの邪神』白水社刊、アポリネール『坐る女』青土社刊、『素顔のランボー』白水社刊、など)も出し、自分の仕事にも多少の手応えを感じていた。筑摩書房編集部の間宮幹彦氏から声をかけていただき、「近代日本詩人選」の一冊として立原道造論を初めての「書き下ろし」で執筆することも、すでに決まっていた。また学生時代からの友人、鮫島光(旧姓有地)と福島勝彦のふたりと共に、年刊の同人誌『樹海』を出して、自発的にものを書くことの喜びも味わっていた(一九七三年から一九八〇年までに八号を出して終刊）。

一九七三年には次女も誕生し、門戸厄神での生活は落ち着いた平穏なものであった。勤務先までは徒歩二〇分の距離であったが、仕事を終えて帰宅すると、三、四歳だった二女が玄関で待ち構えていて、夕食までの小一時間ほど、近くへ散歩に出かけるのであった。四つ違いの長女は、ピアノのレッスンや友達と遊ぶのに忙しかったが、ときどきこれに同行した。神戸女学院のある岡田山で、どんぐりを拾ったり、沢蟹を見つけたりした。清岡卓行の詩集『日常』や『四季のスケッチ』、庄野潤三の家族の風景を描いた小説群に、以前にも増して親しみや共感を覚えたのも、ちょうどこの頃であった。

わたしは、このまま六十八歳の定年まで関西学院に勤務し続けることを、漠然とながら信じていた。ところが人生はままならぬものである。三十代の半ばを過ぎたばかりのわたしは、思いがけなくも学内行政にとらわれて、のっぴきのならない状況に追い込まれていた。この点については、あるていど具体的に説明しないと要領を得ないと思う。四〇年以上も昔のことなので、おおよその部分は時効と判断して、ところどころ仮名を用いながら、以下にありのままに事情を記す。

仏文科の教員スタッフは、わたしを含めて六名だった。学科長の重責は、高塚教授が、サバチカルの年を除いては、ほぼ毎年、担っておられた。T、K、Wの三先生は、学部の行政に携わることを可能な限り避けておられた。（あくまで当時の話であって、わたしがいなくなってからのことは、この限りではない。）高塚さんはそのことで、わたしにたびたび不満を漏らされた。加藤さんが一年間学生副主任を務められ、一年おいてわたしに教務副主任という役が回ってきた。もはや避けることは不可能だった。

学部の行政は、学科長九人による連絡会議と、学部長と教務・学生正副主任四名、合わせて五名による「執行部会」によって、運営される。特にこの執行部会のメンバーになると大変で、教授会のある日は、朝から同じ話を二度、三度と聞かされ、それ以外にも、緊急時にしばしば呼び出しがかかって、その都度、特別の対応を迫られる。

ここまではある程度まで予測できたことで、わたしも多少は無理をしてでも、可能な限り責務を果たそうと考えていた。ところが、これに加えて予想外の負荷が覆い被さって来た。阪急門戸厄神駅の前に葡萄屋というフランス料理店があって、そこから夜八時ごろになると、S文学部長からたびたび電話で呼び出しが掛かるようになった。締切のある仕事の最中であるとか、明日の講義の準備中であるとか、来客中であるとか、思いつく限りの口実をもうけてお断りしたが、「君のところからは歩いて五分じゃないか、ちょっとだけでもおいで」と言われ、ついに断りきれず四度目の正直で応じてしまったのが、間違いの元だった。

ご機嫌のS先生は三〇分もしないうちに、あらかじめ呼んでおいたタクシーにわたしを押し込んで、三宮のスナック街へと拉致してしまった。Sさんのお得意は、はしご酒であった。女性が相手をしてくれるスナックではなかったが、一時間もしないうちに席を立ち、次の店へと移るのであった。タクシーでの帰還は、いつも午前〇時をすぎていた。気の小さいわたしは、この支払いの原資はどこにあるのだろう、といささか心配になった。

S文学部長は日本文学科の教授であったが、学科長になったことは一度もなかったと思う。東北大学の岡崎義恵門下の実方清教授が「日本文芸学」を掲げて君臨するこの学科の中で、Sさんだけは神宮皇學館大学出身の日本語学が専門の教員であった。所属する学科の外で、他学科の有力者たちと手を結んで、学部長に選ばれたのであろうことは、わたしのような者にも容易に推測できた。

それにしても学部長とは、これほど暇で孤独なのだろうか、とわたしは思った。振り返れば、執行部の他の三人はまったく酒が飲めなかった。学生主任のYさんと同副主任のFさんは、体質的な理由からアルコールを一滴も受け付けなかった。一方、西洋史学が専門の教務主任Tさんは、温厚なクリスチャンで、のちにその人望を買われて学部長から学長にまでなられたが、当時は病後で厳しく酒を断っておられた。

こうしたおつき合いに応じたのは、わずか三度ほどであったと思う。しかしわたしには、S文学部長が酒席で囁く次のような言葉がいたく気になった。「高塚さんによると、仏文科の他のスタッフは頼りにならない。将来に期待できるのは宇佐美君しかいない、と言っておられるよ」。この評価の意味するところが、学問的能力や教員としての資質とは、まったく無関係であることが、わたしには明白であったから、まことに興醒めな話だった。単に使い勝手がいいと言われているのと同じだったからである。わたしは高塚さんに懇願して、加藤さんの例にならって、教務副主任を一年かぎりで辞めさせていただいた。

このようなことがあってからまもなく、立命館大学教授の西川長夫さんから、「人文研の多田道太郎さんが、君にぜひ会いたいと言っておられる」とのメッセージを伝えられた。あとで少しずつ事情がわかってきたが、多田さんを班長とする共同研究班

「ボードレール『悪の花』註釈」は、一九七六年に発足したものの、わずか二年数ケ月後の一九七九年一月、その主要メンバーであり、事実上の牽引役であった大槻鉄男さんが急逝するという不幸に見舞われ、しばらく開店休業の様子とのことであった。

わたしには、フランス詩の註釈ということに関して、久しくそれなりの思い入れがあった。学生時代に吉川幸次郎教授の著書を読んだり、講義を聞いたりしているうちに、フランス詩においてこのような試みがなぜなされないのだろうか、との思いがしきりに募ってきていたのである。原文と、委曲を尽くした註釈と、そしてそれを踏まえた訳文とが、三位一体となるような註釈研究というものに、可能であれば自分も関わってみたい、あるいは新しい地平が開けるかも知れない、わたしの思いはただその一点に尽きた。

多田さんが、宇治市から自家用車で上ケ原まで「割愛願い」と挨拶のために来られた。西宮の地理は不案内なので、甲子園球場の前まで迎えに来て欲しいということだったので、そのようにした。多田さんがかなり熱心な阪神ファンだということを、その時に初めて知った。高塚さんは、わたしの移籍をすんなり受け入れてくださった。わたしは高塚さんの考えが手に取るようにわかっているつもりだった。日頃からフランス文学科教員のバランスを口にしておられたからである。すでに数年前、東京外国語大出身の優れたフランス語学者である曽我祐典氏が同僚に加わっていたが、高塚さんとしては、自身の後継者として、中世フランス語学の専攻者を、もうひとりスタッフとして迎え入れたかったのだろう。わたしがいなくなれば、フランス語学の専門家がもう一人補充できるはずであった。そして事実はそのようになった。（ただし高塚さんの一番弟子の岡本君は、残念なことにすでに病没していた。）

関学大文学部教授会で最後の挨拶をした。四〇〇字詰め原稿用紙五枚ほどのメッセージをあらかじめ用意し、十三年にわたりこの職場に勤められたことの幸せと、感謝と、そして今回のわがままな決断へのお詫びの言葉とを、心を込めて述べた。担当中のゼミ生へのケアがまだ一年残っていたので、これに対しては非常勤講師としての身分ながら、卒業論文の指導なども含め、出来るだけのことをさせていただきたい、と申し出た。

数日後、「詩論」という同人誌を刊行している、日文科院生の長野隆君（のち弘前大学教授、惜しくも早世した）が、飲めない酒を近くの居酒屋でひっかけて、夜更けに拙宅へ押しかけてきた。「なぜ移るのですか、関学より京大のほうが上だからですか」。初めに抗議ありきの酔客に言葉は通じない。わたしに出来たことは、十三年過ごした職場への愛着を語りながら、今後の仕事の予定と、それにかける自身の希望とを、委曲を尽くして説明することだけだった。

関学の仏文へは、その後一〇年あまりの間、非常勤講師として、週に一度のペースで出講を続けた。大学院の講義と学部の講義のふたコマであった。元同僚の皆さんは、自己都合により去って行った者に対して、まことに寛大であった、と言わざるを得ない。感謝のほかはない。

第九章　吉田牛ノ宮町

人生は糾える縄の如し。蘊蓄を解きほぐして一本ずつ振り返っている余裕はなさそうだ。少し先を急ぐことにしよう。一九八〇年四月、わたしは京都市左京区の東大路通と一条通の交差点西北に位置する、京都大学人文科学研究所の本館（当時）に、西洋部（当時）の一員として着任した。与えられた研究室は、つい最近まで多田さんが使っておられた四階西北端の一室で、路地ひとつ隔てた北隣の関西日仏学館の白亜の建物と庭園がよく見下ろせた。車と人の往来から隔てられているので、たいへん静かだった。その後二、三度、もっと大きな部屋へ移る機会があったが、わたしはそこが気に入っていたので、定年まで二十六年間この部屋を使い続けた。

関学の研究室から移送した蔵書の段ボール箱を、ひとつずつ開梱して書棚に並べる作業がようやく一段落して、一階へ降りて玄関横のメールボックスへ通信連絡の有無を確かめに行った。そこでわたしは、思いがけず文学部の中川久定教授と鉢合わせした。中川さんは一瞬、凍りついた（ように思われた）。わたしは慌てて、「ご挨拶に伺おうと思っていましたが、急なことで失礼しております」とお詫びをした。中川さんは一呼吸おいて、そのまま無言でエレベーターへ向かわれた。

それより一〇年ほど前のこと、中川さんは名古屋大教養部から京都大学文学部へ助教授として移籍して来られた。その半年ほど前であったか、佐々木康之さんから連絡を受けて、わたしは中川さんと面談した。名大教養部の後任としてどうかというお話であった。一瞬、名古屋の両親の喜ぶ顔が脳裏に浮かんだが、すぐに現実に立ち返って、自身の立場を説明した。すでに留学が内定していること、伊吹、生島両先生のご了解が必要であることなど。話はここですべて決着がついた。

それから七、八年経ったある日のこと、西宮の拙宅へ中川さんからとつぜん電話があった。フランス詩法について、たしか押韻の法則についてだったと記憶するが、ひとつだけ基礎的な質問を受けた。テストされているのかな、と思った。一週間後、中川さんからもう一度電話があり、朝日カルチャーセンターの連続講義のことで相談があるので、会いたいとのお話であった。

河原町三条の朝日会館と大阪朝日新聞本社で、それぞれ十数回、フランス文学について連続講義を行った。中川さんの提案で、二十世紀から中世へと遡る方法が取られた。恐れ多いことであったが、わたしが二十世紀と十九世紀を、中川さんが十八世紀、十七世紀、十六世紀、そして中世を担当された。

あの日、中川さんは人文研の山下正男さんを訪ねて来られたに違いない。中川さんと山下さんは京大文学部の同期で親友だった。山下さんはわたしとよく似た境遇で、関学大文学部哲学科の助教授を経て、人文研に移って来られた。そのせいかどうか、わたしのようなものにも、いくらか好意をもってくださっていたように思う。（山下さんは論理学をテーマとする共同研究や山城の研究などで、上山春平教授とのつながりが強く、また中川さんと上山さんをつなぐパイプ役でもあった。）

ところで当の本人とは本来なんの関わりもないことで、まわり回って大きな影響を被るということが、人生にはあり得る。一九七〇年代半ば頃から、白水社がルソー全集を企画して、その訳者の割り振りをめぐって大揉めになったことがある。当初、編者は東大の小林善彦氏と京大の中川久定氏のおふたりだった。素案をめぐり編者、訳者、編集者の会合が持たれた際、多田さんを初めとする一部の参加者から不満の声が出された。わたしは当事者ではないから、あくまでも人づてに聞いた噂話に過ぎないが、桑原武夫編著の『ルソー研究』や『フランス革命の研究』の参加者への処遇が、あまりにも配慮を欠いたものである、ということのようであった。（中川さんが学生時代から桑原先生に対して抱いていたらしい「ルサンチマン」については、複数の人々からの証言を耳にしているが、ここでは立ち入らない。）

中川さんは即座に編者を降り、以後この全集とはいっさい関わりを持たないことを宣言されたそうである。相打ちということであったのかどうか、わたしには知るよしもないが、多田さんも訳者からはずれ、この全集とはいっさい無縁となった。こうして中川さんと多田さんは、修復不可能な犬猿の仲となり、着任後三年ほどの間は、わたしと文学部との関係も無縁となった。西洋部主任の上山春平教授から「君はなぜ中川さんと仲良くしないのかね」と問い詰められ、閉口したことがある。さらに、以下に述べるような経緯で、教養部への出講の問題がからみ、上山さんの執拗な追求を受けることになろうとは、思いもよらなかった。（少し先のことになるが、あらかじめ以下の事実だけを補足しておきたい。わたしが京都大学文学部および同大学院文学研究科の授業担当を務めたのは、人文研着任後四年目の一九八四年四月から、定年を迎えた二〇〇六年三月までの、二十二年間である。)

五月の連休明けのある日、共同研究の後の二次会で帰りが遅くなったので、国家公務員の宿泊施設「御車会館」に宿をとり、入浴したりしてくつろいでいた。とつぜん教養部の大橋保夫先生から電話がかかってきた。西宮のわたしの留守宅でこの宿泊先を聞いたとのこと、「ちょっとお願いしたいことがあるので、明日の都合の良い時間を教えてください」とのことであった。急を要する話題のようであった。大橋さんはわたしの研究室に入るや否や、文字通り口角泡を飛ばす勢いで、一気に要件を述べられた。

「せっかく同じ大学に勤めているのだから、週に一度でもいいから、お顔を見せてください。そして教養部の授業を少し手伝ってください」。わたしは「関西学院のゼミ生への対応があと一年残っていますので」と、遠慮しながらも申し訳を述べようとし始めた。すると大橋さんは、「実は北アフリカへ言語調査に出掛けていて、つい先日帰国したばかりです。今年はフランス語履修者が例年より多く、非常勤で来ている妻(同志社女子大学教授の寿美子夫人のこと)が受け持つクラスが、八〇人を超えているのです。これを二つに分割したいので、一コマだけでもいいから助けてください」。フランス語の初歩を習った恩師からここまで言われては、断る術がなかった。上山さんから、「君は文学部へ行かないで、教養部へは行くのかね」と会議の最中に公然と非難された。

上山さんは西洋部主任を経てまもなく所長になった。この人は回天特攻隊の生き残りで、一九六〇年代初頭に林房雄の「大東亜戦争肯定論」に呼応して、「大東亜戦争の思想的意義」なる論文を書いて論壇に波紋を呼んだ人である。誤解を恐れずに言えば、この人には公安警察を思わせるような油断のならないところがあった。荒井とみよさんの好著『ものぐさ道草　多田道太郎のこと』（二〇二三年、編集工房ノア刊）を読むと、一兵卒としての多田さんの不器用な軍隊生活が具体的に描かれていて、たいへん興味深く思った。著者はそこで、人文研の同僚であった多田さんと上山さんが、互いの軍隊経験を語り合う機会があっただろうか、と問いかけている。わたしはそれは百パーセントあり得ない、と思う。上山さんは多田さんが嫌いであったし、多田さんも上山さんを大の苦手としていたからである。

多田さんには「軍服を着た中原中也」と題する青春回顧の一文がある（新編中原中

也全集第三巻月報）が、そこで描かれるみじめな一兵卒としての自画像と、特攻隊崩れの上山さんの姿との間には、あまりにも大きな逕庭がある。さらにこの辺りの経緯をきちんと説明するためには、桑原武夫教授のフランス研究に遡って、当時の一部一班制（西洋部には桑原班ひとつしかないという時代があった）の問題を考察しなければならない。今西錦司、会田雄次、梅棹忠夫、その他もろもろの、フランス研究とは縁もゆかりもない猛者たちが、たくさんいたのである。パワーバランスがいかにして保たれていたのか、わたしのようなものの手には余るので、ここではこれ以上触れないでおく。かわりに小さな逸話をひとつだけ付け加えておけば、たまたまある会議の席で、隣に坐った多田さんが、議長席の上山さんをチラリと見て、「すかんタコ」という俗言の由来を小声で問いかけて来られて、返答に窮したことがある。

とはいえこうした波乱にも関わらず、教養部への出講にはたいへんいいことがあった。イヴ＝マリ・アリュー（Yves-Marie Allioux）との出会いである。初めて教養部に出講した日、「フランス語中央室」の片隅に、大きな身体を小さくして坐っている外国人がいた。わたしはその顔に見覚えがあった。というのもちょうど一年ほど前、アリューの出版した『日本詩を読む』（大槻鉄男訳、白水社刊）の書評を、「週刊読書人」

に書いていたのである。

アリューとはすぐに親しくなって、一緒に百万遍界隈の居酒屋で、楽しい酒を酌み交わす仲になった。彼は当時流行りの言葉で言えば「独身貴族」であった。のちに結婚することになる恋人のブリジットさんは、名古屋大学に勤務していて、週日の宵は完全に自由なのであった。話していてすぐに気がついたのは、彼の言語感覚の鋭敏さであり、そしてユーモアのセンスと諷刺の精神が抜群であることであった。例えば、フランス語中央室を Salle de Concentration と仏訳して、ナチスの camp de concentration（強制収容所）を連想させる、などという芸当は朝飯前なのであった。ことばのセンスばかりではない。古典文学の教授資格者（agrégé）であったから、テクストの行間にひそむ歴史的文化的地層を解析する能力にも長けていた。

アリューとはいろいろな仕事を共同で行なった。それには当然、酒が伴った。ランボーの言葉に従っていくらか大袈裟に言えば、「われらが生活は宴、ありとあらゆる人の心が開かれ、酒という酒が溢れ流れた」。連載についてだけ記せば、「戦後詩を読む」（一九八一年四月〜一九八二年三月）、「続日本点描」（一九八三年四月〜一九八四年三月）。いずれも掲載誌は白水社の「ふらんす」で、担当は及川直志氏だった。後者は Un

Spectacle amusantと題して、フランス語の中等読本になり、長年先生方に使用していただいた。なお、アリューの大きな功績のひとつに、二〇〇五年に刊行された、中原中也のフランス語訳個人選集（Poèmes de Nakahara Cyûya, Piquier）がある。北川透さんが主導した「中原中也の会」十周年記念事業の一環であった。これには、わたしも中原中也の会の担当理事として、また訳者の友人として、応分の協力をすることができて幸せであった。

教養部への出講でよかったことがもうひとつあった。アリューのほかに山田稔さんとの個人的な接点が出来たことである。それ以前にもいくつかの会合（例えば生島教授の退官記念講演会とパーティー、一九七九年一月に急逝した大槻鉄男さんを偲ぶ「臘梅忌」など）で、山田さんをお見かけする機会はあったが、親しくお話しできるようになったのは、それ以降であった。アリューはときどき「collègue et ami であることは難しい」という意味のことを口にした。仕事の仲間（つまり同僚）であって同時に心を許すことのできる友人を持つことは稀有なことであるという意味に解釈したが、アリューにとって山田さんはフランス語中央室でそのような存在であったのだろう。教養部には佐々木康之さんも非常勤講師として週に一回来ておられたから、時にこの四人で酒席を共にすることもあった。

山田さんは、パリの通称「ラング・ゾー」（パリ第三大学所属東洋語・東洋文化研究所）で約二年間日本語を教えて帰国されてからも、旺盛な作家活動を続けておられ、わたしの人文研着任の半年ばかりのちから、「京都新聞」夕刊に『旅のなかの旅』の連載を初めておられた。思い出すのは、その二、三年後であったか、この連載の担当記者であった熊谷氏の案内で、滋賀県湖北余呉の想古亭源内という鄙びた宿で、雪見酒と洒落込んだ日のことである。山田さんとはその後も百万遍界隈の居酒屋でときどきお会いすることが出来た。

あれは一九八〇年代の終わり頃であっただろう。朝日新聞の夕刊に「シネマのある風景」を連載中の山田さんと映画の試写会で鉢合わせになったことがある。わたしもちょうどそのころ映画好きが高じて、「映画新聞」の洋画時評を連載したり、朝日新聞大阪本社の企画する「朝日ベストテン」の選考委員を二年ほど務めていたのである。山田さんの連載第九回はこんな風に始まる。

《最近は映画館で友人と顔を合わせることがなくなった。大方はビデオ派に転向したらしい。ところがある晩、試写に招かれて出かけた京都の朝日シネマの小さなホールで、ばったりU君と出会ったのだ。悪所で顔を合わせたみたいで、おたがいバツが悪そうに笑って顔を赤らめる。いや、顔の赤いのは晩酌のせいか。》

ちなみにこの時に観た映画は、一九八九年カンヌ国際映画祭グランプリ受賞の「セックスと嘘とビデオテープ」（スティーヴン・ソダーバーグ監督作品）。ふたりとも映画祭にはほとんど興味がなかったが、公開される新作と名画館で採り上げられる旧作の区別なく、手当たり次第に好き勝手に鑑賞していたのではなかったか。山田さんは午年の生まれで、同じ午年のわたしよりも一回り上である。いまもご健在でときどき佐々木さんなどとともに、「お茶会」を開いてお会いして元気をいただいている。

ところで、肝心のボードレール註釈研究は、思い通りには行かなかった。発足して三年を経過した時点での途中参加なので、いま考えればうまくいかないのは当たり前のことであった。最初に出席した会の途中休憩の際、小用に立って旧知の先輩Xさん（修士課程に上がってすぐに西川さんから誘っていただいた、あの楽しい読書会のメンバーであった）と廊下で会った。「バタバタしていてご挨拶が遅れました。こんなことになりましたので、どうぞよろしくお願いします」。返ってきた言葉は、「されば野におけ、レンゲソウというからな」の一言であった。わたしはあっけに取られて、たぶんキョトンとしていたのだろう。返す言葉を持たなかった。言った方は忘れても、言われた方は一生忘れない言葉というものがある。自分が足を踏み入れたところが、そんなに高貴な花々が咲き乱れるお花畑なのであろうか。いくら考えても解けるような謎ではなかった。

その後の研究会でも、Xさんの気になる言動がわたしを当惑させた。わたしが自分の担当した「アベルとカイン」Abel et Caïn という詩篇を、まず通例に従ってタイトルから末行までを原文で読み上げたところ、わたしの Caïn の発音が間違っているとXさんが指摘されたことである。綴り字記号トレマの意味を勘違いされたのであろう、二音節に数える Ca-in の後半を、鼻母音ではなくローマ字風に「イン」と発音しなければならない、というのであった。わざわざアリューに頼んで、朗読してもらうまでもなかった。

班長の多田教授は多忙の人であった。講演によく出かけ、その売れっ子ぶりは、東南アジア研究センターの矢野暢教授に次ぐとの噂だった。矢野教授は、まもなく秘書へのパワーハラスメントにより辞職に追い込まれたことで世間を賑わせた人である。多田さんはまた、わたしが助教授として着任して三年ほどの間に、カナダのモントリオール大学と中国の北京外語学院へ、それぞれ十ケ月ほど海外出張された。日本の文学と文化を教えるというのが、その渡航目的だった。

さてわたしが最初にしたことは、東方部で荒井健教授が李義山（李商隠）詩註釈班を立ち上げておられたので、願い出てオブザーバーとして半年余り出席させていただいたことである。伝統的な詩の註釈研究を少しでも学びたいと思ったのである。テクストの校訂と基本的な旧釈の吟味の仕方について、また班員が共有すべき基本的な資料の作成方法について、現場に即して学ぶことが出来、たいへん参考になった。異分子の混入を快く受け入れてくださった荒井先生には、今も深く感謝している。

これまでは分担者が各自に選んで参照していた資料を、荒井班にならって基本資料としてひとつにまとめあげ、詩篇ごとに必要部分をコピーしたものをコーパスとしてあらかじめ配布し、これを参加者全員が共有できるようにした。そのために西洋部の特別研究費と科学研究費の申請をした。幸い、いずれも予算の獲得がかなったので、必要な文献を補充し、作業人員を確保することが出来た。（ちなみに後年、杉本秀太郎さんが、『悪の花』の抄訳を湯川書房から出される前、このコーパスを無くしたので、もう一度まとめて見せてほしい、と依頼されたことがある。その縁もあってか、わたしはこの訳書の書評を京都新聞から依頼された覚えがある。一九九八年十一月のことである)。

ところでわたしが班員として加わった当時、『悪の花』再版全篇の分担を参加の班員に振り分ける作業は、すでに四割方終了していた。途中参加のわたしは、最初は、班長からの依頼により、亡くなった大槻鉄男さんの担当になる詩篇の註釈に、必要最小限の補註を付けることに専念した。「あほう鳥」、「高翔」、「慢心の罪」、「露台」、「告白」の五篇である。いずれも素晴らしい訳と註解で、たいへん勉強になった。大槻さんの訳と註釈は、原文への敬愛の念をつよく感じさせるもので、概して節度ある言説で一貫していた。

一方、杉本さんの訳と註釈は、いい意味で散文風に嚙み砕いた訳に、自らの文学観を紋章として刻みつける、といった塩梅であった。多田さんはしばしば「読み筋」という言葉を使って、作品にいくつかの切り口を見つけると、そこから一気に全面突破するというのが、お得意の手法であった。西川さんは、詩人の歴史体験や思想的側面に大きな関心があったから、ひとつの詩篇に四〇〇字詰一〇〇枚を超える論文のような註釈を書かれたりして、わたしを驚かせた。呉越同舟、いい意味でヴァラエティに富んでいたが、悪く言えば註釈全体としての不均衡は免れなかった。

なおわたしが担当して報告書に註釈を書いて発表した詩篇は、以下の一〇篇である。「月の悲しみ」、「猫（情熱的な恋人たちも……）」、「赤毛の女乞食に」、「地を耕す骸骨」、「無題（あなたがねたましく思っていた……）」、「屑拾いの酒」、「優しいふたりの姉妹」、「アベルとカイン」、「サタンへの連禱」、「好奇心の強い男の夢」。

ついでに言っておけば、A君という慶応出の助手がいたが、彼はちょうどその頃、パリに二年間の予定で留学中であった。当然ながらその間、班長不在中の研究会の運営は、わたしひとりに委ねられた。若手の湯浅康正君や竹尾茂樹君、そして多田研究室の秘書の方々には、ずいぶん助けられたが、それでも負担は小さくなかった。ほぼ毎年、研究所の年刊紀要「人文學報」に註釈の成果を分載していたので、その取りまとめの作業にも苦労した。報告書の冒頭、多田さんの序言に次いでわたしが書いた「『悪の花』の構成」に、その分載の次第が次のように報告されている。例えば、《マリー詩篇》（第四九号、一九八一年二月）、《その他の女性詩篇》（第五〇号、一九八一年三月）、《憂鬱詩篇》（第五二号、一九八二年三月）。詩群の呼称はあくまでも慣例に従った便宜的なもので、もちろん最終報告書では採用しなかった。これをみるだけでも、スケジュールがかなり過密なものであったことが、分かるはずである。

特に困ったのは、原稿提出や校正刷り返却の期限を守らない人が、中にはいたことである。レンゲソウの嫌いなXさん、そして彼と同じ大学の同僚であるZさんのおふたりである。すでに班を抜けていたZさんは、わたしの礼を尽くした依頼状に対して、便箋七枚に赤インクで班の運営に対する不平不満を書き連ねた返信を速達便で送って寄越された。すべて班長に言うべきはずのことばかりであって、わたしの関知する筋合いのことではなかった。後日、カナダから帰国した多田さんに、その手紙をそのまま手渡した。多田さんはすぐにZさんをさる小料理屋に招き、すでに分担済みの註釈については、速やかに校正刷りを返却してもらうようにと説得された。

わたしが着任して六年後、ようやく註釈がまとまって、研究所の特定出版物として刊行の運びになった時のことである。長い労苦の末に出た再校の確認作業を終えた段階で、わたしはたまたま機会を与えられて、わずか三ケ月の海外出張に出かけた。それまでに海外での長期勤務のポストを、多田さんと西川さんから提示されたことがあったが、いずれも空手形に終わっていた。最後の手立てとして、当時、人文研の所長をしておられた柳田聖山先生のお口添えを得て、京大とパリ第七大学の教員交換制度を利用することが出来たのである。この制度は、パリ第七大学側の「空きポスト」を利用するもので、こちらの希望通りの日程が組まれるという体のものではなかった。もう一ケ月出発を延ばすことができればよかったが、それはそのまま申請を取り下げることを意味した。

わたしにとっては、実に十五年ぶりのパリであった。慌ただしい滞在であったが、フランス社会の変貌と変わらぬ伝統の厚みを確認し、予定していた資料の探索と収集も出来て、それなりの成果をあげることができた。帰国して早々、ある信頼する同僚が教えてくれた。留守中にA君が研究者会議で、「うちの助教授はいちばん大変な時にフランスに行って楽しんでいる」、とわざわざ報告したというのである。研究所は講座制ではないので、「うちの助教授」などという言い方は本質的に間違っているが、今はそのことは不問にする。人間としてかけがえのない最低限の徳について、悲しい現実を思い知らされてしばし悄然とした。わたしも関学時代に、留学をさせてもらった経験があるので、A君の二年間の留守をとやかくいうつもりはなかったし、また不満を漏らすようなこともいっさいなかったはずである。それにしても品性というものは、こうした片言隻句にも現れるものである。

一九八六年、研究所の特定出版物（非売品）として、多田道太郎編『シャルル・ボードレール『悪の花』註釈』が出版された。この初版（上下二巻）は、わたしの確認するかぎりでは、残念ながら二百数十ケ所の誤字誤植脱字がある。おまけに執筆分担リストにも、あってはならない欠落がある。多田さんの依頼で、頭初は筑摩書房のKさんや人文書院のTさんなどから、アドヴァイザーとしての無償の奉仕が得られたものの、一五〇〇ページを超える大著を、素人集団で校正することにはおのずから限界があった、と言わざるを得ない。三年後の一九八九年に再刊された平凡社版（上中下三巻）では、これらはすべて訂正されているはずである。さすがは事典刊行の老舗だけあり、ページの移動を最小限に食い止める技術力には、驚嘆させられた覚えがある。

ボードレールの詩集を、『悪の華』ではなく『悪の花』としたことについて、多田さんも他の班員もきちんとした説明をしていない。わたしは『ボードレール　詩の冥府』の末尾に付したこの詩集の邦訳リストに、この点についてごく簡略に註記した。その後「花と華」と題するエッセー（長谷川富子、伊川徹、饗庭千代子編『フランスと日本　遠くて近い二つの国』所収、二〇一五年、早美出版社刊）を書いて、もう少し詳しく説明を加えた。残念ながらあまり人目に触れる機会のない文章なので、以下に要点のみを引用しておきたい。

《ボードレールの韻文詩集の邦題を、ほぼ半世紀にわたって『悪の花』と表記してきた。「華」ではなく「花」である。格別の衒いや気負いがあったわけではない。きっかけは桑原武夫先生の講義中のひとことだった。「あれ、華とせねばならない理由はありますか」、この一見さりげない旧師の疑問の背景には、フランス詩をことさらに擬古的な漢語まじりの和文に置き換えて、明快で親しみやすい原詩の魅力を損ない、真に必要な「詩の晦渋さ」すら見失わせる、一部専門家たちのマニアックな傾向への批判が込められていただろう。(中略)

《手元の漢和辞典をいくつか見比べてみれば、「華」が古字であり、より起源に近いのは確かなようだ。しかしだからといって「花」を俗字として退ける理由にはならない。なぜなら北魏いらい千数百年にわたって中国人が、この「花」の字を愛用してきたのは、紛れもない事実なのだから。杜甫の「春望」の一句「時に感じて花は涙を濺《そそ》ぎ」ほか、文学作品の引例にも事欠かない。古今新古今を初めとする和歌で用いられてきたのも、また世阿弥の『風姿花伝』などの能楽論で譬喩として多用されたのもこちらである。華麗、華美、豪華、華燭、中華など、一部の熟語で偏用される「華」

を、あえてボードレールの詩集の和名に用いなければならない理由はとぼしい。

《ほぼ百年来ランボーとともに日本で最も熱心に受容されてきたボードレールが、彼の唯一の韻文詩集の表題に込めようとした意味について、あらためて考えてみよう。Les Fleurs du Mal の Mal（悪）は Bien（善）と対をなして、形而上的かつ道徳的な意味を担う。と同時に maladie（病い）ないし malaise（居心地の悪さ）をも意味し得る。このことは、一八五七年の初版と一八六一年の再版の巻頭に、ともに掲げられたテオフィル・ゴーチエへの献辞の末尾をみれば明白である。「心からの謙譲の／念をこめて／これらの病める花々を／捧げる」。詩人は当初よりこの「病める花々」FLEURS MALADIVES をイタリック体で印刷して欲しい、なぜならこれは言葉遊びの表題なのだから、と述べていたのである。結局その要望は入れられず、ほかの部分と同じくロマン字体で印刷されてしまったのであるけれども。

《「言葉遊び」に関して蛇足を加えれば、複数形の fleurs は古語では「月経」を、また「白い」という形容詞を付ければ、「おりもの、こしけ」を意味する。詩人は自ら病んでいたシフィリス（梅毒）に引っ掛けて、「病いによる分泌物＝花＝詩篇」という隠喩に自ら興趣を覚えたのであろう。この点に関しては、阿部良雄がその個人訳全集第一巻の改題で述べているとおりである。

《ただしここで興味深いことは、江戸期の川柳集『俳風柳多留』に見える一句に、「花」が「月経」の意で用いられていることだろう。「恋の花けふ咲きそめる恥ずかしさ」。「花」の多義性はフランス語の fleurs に比して遜色がない。つけ加えれば上田敏も永井荷風も、当初はこの詩集の邦題を『悪の花』と表記していた。二人がともにまもなく「花」を「華」に変更した経緯は、日本におけるフランス詩受容の問題（特に鈴木信太郎を代表とするアカデミズムの影響）を考える上においても、改めて吟味するに値する課題だろう。》

さて報告書が出た際、多田さんはじめ最後まで註釈班に加わった全員が、思い思いの感慨を「あとがき」に綴った。わたしはごく簡潔に、以下のように書いた。

《ひとりの詩人がみずからの生と引きかえに残した彫心鏤骨のことばを、後世の人間があれこれ詮議して註釈を加える——、考えてみれば大それた企てである。漢詩人・阿藤伯海は、「諳んじてのち之を論ずるは善し、論ぜず之を楽しむは更に善し」と述べた。この教訓を肝に銘じた上で、なおかつ論ずべき何ほどのものが残されているか、註釈者の節度と誠実さが要求されるところであろう。

《『悪の花』註釈班に加わってからの六年間は、この意味でも貴重な体験であった。いわゆる表層解釈の問題から個々の作品ないし詩集全体の主題にいたるまで、みずからの読みを他者の読みと対質させながら練り上げ鍛え上げ、それを最終的に訳と注釈という形で提示すること、これは想像していた以上に困難な作業であり、またそれだけにやりがいのある仕事であった。今となっては、日本におけるフランス詩百年の歴史の中で最初の試みであるといってもいい、この膨大な作業を私たちに持続的に強いた、ボードレールという名のテクストのしたたかさ、重厚な手ごたえに、ただ恐れいるばかりである。》

初版刊行後まもなく、河盛好蔵先生が東京新聞のコラムに、「日本におけるフランス詩百年の歴史の中で最初の試み」などという豪語を追認した上で、たいへん好意的な書評を書いてくださった。数ケ月後、多田さんの肝煎りで京都に河盛さんをお招きし、祇園の小料理屋で一夕を共にしたことがある。その席で、河盛さんが、ヴェルレーヌ前夫人マチルド・モーテの回想録を探しておられることを知り、すぐにその原書をお送りしたことがある。かつて自身の編訳書『素顔のランボー』で、その一部を翻訳したことがあったのである。河盛さんは一ケ月もしないうちに「コピーを取ったから」といって、ハトロン紙で綺麗にカバーをつけて返却してくださった。

その後、多田さんはボードレールに関する研究会を三年間続けられた。慶應大学からボードレールの専門家で詩人の井上輝夫氏を客員として迎えた。井上さんは一昔前、わたしが国文社から『ランボー私註』を出した際、「日本読書新聞」に鋭くかつたいへん行き届いた書評を書いてくれた人である。彼が京都での滞在を心から楽しんでいるらしいのを見て、こちらも気持ちが明るくなったのを覚えている。

成果報告書は、多田道太郎編『ボードレール　詩の冥府』と題して、一九八八年に筑摩書房から刊行された。わたしはこれに「落日——あるいはデカダンスの詩学」と題する比較的長い論考を寄稿し、翌年刊行した『落日論』（筑摩書房）の、もっとも重要な柱の一本にすることが出来た。幸いそれは和辻哲郎文化賞の栄誉を受けた（一九九〇年三月）が、選者のひとりである梅原猛さんからは、特にそこで展開した「時間論」がすぐれていると評価していただいた。同じく選者の司馬遼太郎さんから、「文章がいい」と言っていただいた事とともに、大きな励みになった。

国際日本文化研究センターとの関わりについても少し触れておきたい。センター発足当初の一九八七年から、中西進教授のお誘いを受け、都合ふたつの共同研究班に入れていただき、さまざまな刺激や情報を得ることが出来た。人文研より予算措置が重点的に手厚く講じられていて、海外や東京圏からの人の往来も活発であった。ドナルド・キーン氏や中上健次氏などが、突然ゲストとして呼ばれるようなこともあった。

中西進編著の二冊の成果報告書に、わたしが寄せた論考は以下の通り。「〈私〉の肥大と解体——啄木詩の変貌をめぐって——」(『日本文学における「私」』所収、一九九三年十二月、河出書房新社刊)。「詩における曖昧と想像力」(『日本の想像力』所収、一九九八年一月、JDC刊)。なお、わたしは一九九〇年七月から二年間、日文研の客員助教授を兼務した。

日文研との関わりは、その後も井波律子さん主宰の研究班への参加という形で続いた。わたしは井波律子・井上章一共編著のふたつの報告書に、「中原中也とフランス近代詩」と「偽作のはなし」という論考を寄せた。いずれものちに『中原中也とランボー』(二〇一一年九月、筑摩書房刊)に収録したものである。

多田さんが定年により研究所を退所されてから数年後、わたしは自身の主宰する共同研究班の成果として、『フランス・ロマン主義と現代』(一九九一年三月、筑摩書房)を刊行した。共同研究班を運営することの難しさについては、多田班に所属したほぼ一〇年の修行期間のうちに、嫌というほど思い知らされていたので、これを刊行出来た時は、ひとしおの感慨があった。関学を辞めて人文研に移籍する際に、生島遼一先生のお宅へご報告に伺ったところ、「共同研究は難しいよ、桑原のような人だから出来たけれども」というような趣旨のことを言っていただいた覚えがある。わたしは困難を承知の上で自分なりに出来ることの最大限を目差そうと思った。それには人材の確保が第一であり、次いで形成された研究集団が、余計な波風を立てず、かといって馴れ合いにも陥らず、つまり緊張と和を保ちながら、活発な動きを維持し続けることが肝要と考えたのである。

人材ということについては、尊敬する二人の先輩の参加を得られたことが大きかった。西川長夫、丹治恆次郎のおふたりは、それぞれ「フランス革命とロマン主義」、「フランスとハイネ」という大きな視点を提示していただいた。ついでバルザック研究の柏木隆雄氏、その夫人でフロベール研究の柏木加代子氏、ルソー研究の小西嘉幸氏、ユゴー研究の稲垣直樹氏と丸岡高弘氏、アロイジュス・ベルトランの散文詩を論じた吉田典子氏など、それぞれ卓抜な問題提起には終始目を見張らされた。

特に班結成二年目に、新しく研究所に入所した文学理論の大浦康介氏の参加は、わたしたちの活動に更なる刺激を与えた。（大浦氏の移籍に関しては、ご迷惑をおかけした甲南女子大学仏文科の清水正和先生のご理解を、今でも忘れがたく深く感謝している。）ふたりのフランス人研究者、パリ第七大学のアンヌ＝マリ・クリスタン氏と甲南女子大のピエール・ドゥヴォー氏は、国際的な視野の広がりをもたらした。ちなみにクリスタン氏は、わたしがパリ第七大学に客員として在籍した当時の「テクストと資料の科学科」教授であり、同大学の「エクリチュール研究センター」の所長であった。その後、人文研の客員として半年間京都に滞在し、わたしの研究班に参加していただいたのである。

また文学研究に偏りがちの視点を是正していただいた美術史家の島本浣氏、サント＝ブーヴの小説を論じた露崎俊和氏、そしてスタール夫人論を寄せ、班の運営を助けてくれた助手の鈴木啓司君、これらの方々の支えを忘れることは出来ない。わたし自身は、序論として「ロマン主義を考えるために」を書いたほか、「〈私〉語りの変容」と題してモーリス・ド・ゲランの散文詩を論じた。後者はフランス語研究誌Equinoxeの第十号に掲載の後、トゥールーズに拠点を持つ「ゲラン友の会」の季刊誌《Amitié Guérinienne》の一七一号に転載された。

ゲストとして貴重な報告をしていただきながら、報告書には種々の理由により寄稿をお願い出来なかった方々は、以下の八名に上る（括弧内所属は当時）。饗庭孝男（甲南女子大学）、浅田彰（京都大学経済研究所）、井上輝夫（慶應義塾大学）、阪上孝（京都大学人文科学研究所）、ジャン＝マリ・シェフェール（フランス国立科学研究センター）、藤井治彦（大阪大学）、藤井康生（大阪市立大学）、前川道介（同志社大学名誉教授）。

「和」ということについて少しだけ補足すると、研究会の後の会食とおしゃべりはいつも楽しく、また柏木隆雄氏の発案で瀬戸の大三島へ旅行に出かけたことなども懐かしい思い出である。日文研と比べて予算措置が乏しく、交通費に関しても、半ば以上、班員の善意にすがるという、手弁当での参加には、まことに心苦しい思いがしたものである。そんな中で、わたしが特に心がけたのは、情報のアウトプットだけはしっかりする、ということであった。成果報告書の出版には常に困難が伴ったが、曲がりなりにもわたしが手がけた四つの共同研究の成果は、すべて公刊することが出来た。これには出版を引き受けてくださった関係者の方々に、厚くお礼を申しあげなければならない。

わたしの共同研究は、いずれも三年間の活動の後、報告書の出版のため一年間の延長を研究者会議で認めて貰う方式をとった。そして報告書の出版を終えた翌年は、他の班の一員に加えていただく一方、自身の次の研究班の準備期間とした。海外出張は努めてこのオフの期間か、夏季あるいは春季の休暇を利用した。経験上、班長の長期出張はあり得ない、と自覚していたからである。

ロマン主義に次ぐ三つの報告書と、これに寄稿してくださった方々のお名前（目次掲載順、敬称略）は、以下の通りである。いずれも思い入れの深い出版物であるが、内容の詳細と、ゲストとして貴重な報告をしていただきながら、種々の理由から報告書には寄稿していただけなかった方々のお名前は、ここでは割愛させていただく。

『象徴主義の光と影』（一九九七年十月、ミネルヴァ書房刊）。吉田城、島本浣、ピエール・ドゥヴォー、上倉庸敬、小山俊輔、小西嘉幸、柏木隆雄、内藤高、小林満、田口紀子、柏木加代子、吉田典子、三野博司、山路龍天、丹治恆次郎、多賀茂、鈴木啓司、齋藤希史、大浦康介、松島征。

『アヴァンギャルドの世紀』（二〇〇一年十一月、京都大学学術出版会刊）。大浦康介、森本淳生、水田恭平、松島征、丹治恆次郎、永田靖、ピエール・ドゥヴォー、ピエール・バイヤール、吉田城、禹朋子、篠原資明、井波陵一。

『日仏交感の近代　文学・美術・音楽』（二〇〇六年六月、京都大学学術出版会刊）。柏木隆雄、小西嘉幸、吉田城、近藤秀樹、北村卓、小山俊輔、森本淳生、高階絵里加、吉川順子、鵜飼敦子、阪村圭英子、柏木加代子、大浦康介、三野博司、内藤高、岡田暁生、佐野仁美、袴田麻祐子、松島征、高木博志。

こうして参加してくださった方々のお名前をあげていくと、わたしより年少の方々がすでに幾人も鬼籍に入っておられることに気づかせられる。改めてご冥福を祈る。もうひとつ気づかせられることは、わたしの研究会には比較的多数の女性の参加者が来てくださったことである。一九八〇年代初頭、わたしが入所した当時は、多田さんの共同研究を含め、一般に女性のジェンダー比率はほとんどがゼロ、あったとしても極めて低かったように思う。

わたしが六〇歳代に関わったふたつの詩人全集についても、ここで補足しておきたい。角川書店の〈新編中原中也全集〉（全六巻、二〇〇〇〜二〇〇四年）と筑摩書房の〈立原道造全集〉（全五巻、二〇〇六〜二〇一〇年）の編纂に、編集委員のひとりとして携わったのである。前者は、第三巻「翻訳」がわたしの主な担当であったが、第四巻「評論・小説」の解題執筆にも関与した。この仕事では、東京や山口へしばしば出張したが、編集委員の中村稔氏や佐々木幹郎氏のほかに、編集協力に大きな貢献をした大学院生・大出敦氏（現慶應大学教授）ともしばしば会って交友を深めた。後者は、二〇〇六年三月の定年による京大退職を前後に挟む、まことに慌ただしい時期の仕事であったが、若い時から愛着のあった詩人であるから、視力を酷使してでも全力を尽くした。編集会議で、中村稔、安藤元雄、鈴木博之の三氏と、お互いに忌憚なく議論を交わすことが出来たのも、得がたい経験であった。わたしが主に担当したのは、第三巻と第五巻であったが、編集者の間宮幹彦氏とともに、立原の手記、ノート、書簡の校訂作業を綿密に行ない、その上でさらに解題の執筆に多くの時間と精神を傾注したものである。

第十章　ランボー

わたし個人の仕事としては、一九九六年にちくま文庫の一冊として『ランボー全詩集』を刊行出来たことは、この上ない喜びであった。いきなり文庫での訳し下ろしを希望したのは、少しでも親しみやすい形で、若い読者にランボーを読んで貰いたいと思ったからで、筑摩書房編集部の間宮幹彦氏と岩川哲司氏のご理解とご支援のおかげで実現したものである。幸いにして版を重ね、二〇一二年には事実上の増補改訂版を出すことが出来た。

訳出にあたって特に留意したのは、訳文の清新さはもとより、自筆原稿を極力吟味した上で各詩篇の原本をひとつずつ決定し、簡潔を期した脚注に工夫を凝らしたことである。大枠としては、シュザンヌ・ベルナールが創始し、アンドレ・ギュイヨーが補訂した、ガルニエ古典叢書の『ランボー著作集』（一九九一年版）を参考にしたが、独自に校訂をしたところも多く、これに「ビスマルクの夢」など新発見のテクストをも加えた。

出口裕弘氏がある新聞に書評を書いてくださって、「一人称主語の柔軟な訳しぶり」を誉めていただいたことはうれしかった。たとえば小林秀雄が『地獄の季節』の語り手の自称を、すべて「俺」という一本調子で通しているのに対して、わたしは作品の演劇的効果とポリフォニーの技法を尊重して、「私」、「わたくし」、「ぼく」、「おれたち」などと、テクストによって使い分けたのである。

早い話が、大革命期に宮殿へ押しかけて、同志とともに国王を吊し上げる鍛冶屋の親方の演説と、ナイーブな少年の心情告白の唄と、あるいは「狂気の妻」が地獄の道連れとの生活を物語るくだりが、同じ人称主語では具合が悪かろう。

おお、人民はもう淫売なんかじゃない　三歩すすめば
おれたちみんなでお前さんのバスチーユを粉みじんだ
「鍛冶屋」

何かにつけて服従する一方の
のらくらの青春よ
こまやかな心遣いのために
ぼくは自分の一生を棒にふった
ああ　時よ来い
みんなの心と心が寄り添うかの時よ

「いちばん高い塔の唄」

わたくしは、地獄の夫の奴隷です。愚かな処女たちを破滅させたあの男の。まさにあの悪魔のようなやつです。幽霊なんかじゃありません。幻なんかでもありません。このわたくしは、思慮分別を失って、地獄に堕ちてしまい、この世では死んだも同然なのです（後略）

『地獄の季節』より「錯乱　I」

特にこの三つ目の例のように、『地獄の季節』の「悪い血」や「錯乱 Ⅰ」の章では、一人称での語りの人物が次々と入れ替わるので、日本語での一人称主語の訳し分けが鍵になるわけである。

なお拙訳ランボーに関しては、昨年（二〇二三年）三月に亡くなった大江健三郎氏が、小説『取り替え子』（二〇〇〇年十二月、講談社刊）のなかで、小林秀雄訳と比較して好意的に取り扱ってくださったことも忘れられない思い出である。簡潔な謝辞を添えた献本に驚きかつ感動したが、読んでみると、それは作者自身と若い頃からの親友・伊丹十三をモデルにした、半ば自伝的な作品なのであった。

主人公は、小説家の古義人と今は亡き旧友で映画作家であった吾良。このふたりが回想を交えながら対話することによって物語は展開する。終盤にさしかかろうとする段になって、四〇年前にふたりが熱心に語り合った、小林訳ランボオの「別れ」（『地獄の季節』最終章）の一節が、あらためて重要な意味を持つくだりがある。吾良が書き残した「シナリオと絵コンテ」のなかに、若き日のランボー談義について、ふたりの親友が四〇年後に対坐して回想するシーンがあるのを、古義人が発見する場面である。吾良はこう語る。

《今ここにあるのは小林秀雄訳じゃなく、この間、きみに推選されたちくま文庫版だがな、改めてそれで『別れ』を読んでみると、おれのいったことは、その後のおれたちの生涯によって実証されている。まったくね、痛ましいほどのものだよ。／あの書きだしのフレーズを、きみが好きだったことは知ってたよ。おれも同じことを口に出した。しかしあの時すでに、おれはあまり立派な未来像を思い描いていたのじゃなかった。そしてそれも、ランボオの書いていることに導かれて、というわけなんだから、思えば可憐じゃないか？　それはこういうふうだったのさ。／〈秋だ。澱んだ霧のなかで育まれてきた私たちの小舟は、悲惨の港へ、炎と泥によごれた空がひろがる巨大な都会へと、舳先を向ける。〉というんだね。／それに続けて、都会での〈また、こんな自分の姿も思い浮かぶ。〉というだろう？〈泥とペストに皮膚を蝕まれ、頭髪と腋の下には蛆虫がたかり、心臓にはもっと肥った蛆虫がむらがっていて、年齢もからなければ感情もない見知らぬひとびとの間に、長々と横たわっている……　私はそこで死んでしまったかも知れないのだ……》

拙訳からの引用はさらに数ページにわたって続くが、このあたりでとどめておこう。年を重ねてから、ランボーが自身の青春の迷妄のシンボルであったことを好んで語る人は少なくない。そんな中で、初老の域に達した主人公たちがあらためて再読するこの詩人の真摯な受け止め方は、きわめて貴重で示唆に富んでいる、と言わなければならないだろう。

これに対して研究者たちの見直し（あるいは読み直し）は、良きにつけ悪しきにつけ、「記念日」anniversaireという観念にとらわれがちである。例えば一九九一年のランボー没後一〇〇周年に際しては、終焉の地である南仏マルセイユ、商人として一時期を過ごしたアラビア半島のアデン、そしてわが国の仙台においても、国際的な記念事業が行われた。

仙台の国際研究集会には、わたしも参加して、「ランボーの時間意識」La Conscience du temps chez Rimbaudと題する口頭発表を行った。これはその後（一九九三年一月）に、Presses Universitaires de Lille刊行の報告書「アルチュール・ランボー　彷徨の一世紀」Arthur Rimbaud, un siècle d'errancesに掲載された。同じ頃、パリではソルボンヌ大のピエール・ブリュネル氏を中心にして、研究集会や展覧会が催されたし、また秋には詩人の生地シャルルヴィルでもシンポジウムが開催された。

ところで、わたしが京都大学人文科学研究所を定年により辞する二年前、すなわち二〇〇四年は、たまたまランボー生誕一五〇周年に当たる年であった。これに合わせて日本では、京都で、二〇〇五年六月十八、十九の両日、「新世紀の黎明に立つアルチュール・ランボー」Rimbaud à l'aube d'un nouveau siècle と銘打つ記念の集会が、関西日仏学館（当時）と京大人文研の共同主催によって挙行された。ブリュネル氏とレンヌ大のスティーヴ・マーフィー氏が、それぞれ「火を盗む者たちに与して」、「ランボー手稿版の諸問題」と題する特別講演を行なったほか、三つの分科会では、国内在住の九人の研究者による最新の研究成果が披露され、いずれも活発な議論を誘発した。講演と口頭発表、そして質疑応答はすべてフランス語によって行われたが、それぞれに日本語による懇切な要旨が添えられた。

加えて一〇〇名近い参加者に深い感銘を与えたのは、ミシェル・ド・モーヌの演出主演になる『地獄とイリュミナシオン』の上演であった。アフリカで死病にとりつかれた詩人が、祖国へ帰還するまでの苦難にみちた旅を起点にして、そこから時間軸を遡って自由に行き来し、彼自身が青春時に置き去りにした作品世界を、朗誦と歌と演技によって立体的に甦らせようとする試みである。モーヌの台本、演出、主演は、ランボーへの深い愛着と理解に裏付けられていて、舞台を跳梁するその肉体と音声は、詩人の魂を今に呼び戻す霊媒のおもむきを呈して感動的であった。なおこの公演には、ランボーの作品、日記、書簡に加えて、詩人の妹イザベルの手記や書簡が、テクストとして多数使用されたが、新しい試みとして拙訳による字幕スーパーが施されたことも、追記しておきたい。

なお各分科会の発表者と司会者の顔ぶれは以下の通り。第一分科会。オリヴィエ・ビルマン、川那部保明、宇佐美斉、司会・松島征。第二分科会。井村まなみ、木下誠、鈴村和成、司会・大浦康介。第三分科会。中地義和、湯浅博雄、アニエス・ディソン、司会・ジャン＝フランソワ・アンス。詳しい内容については、二〇〇六年四月にKlincksieckから刊行された報告書（Actes du colloque de Kyoto）、あるいは雑誌「iichiko」（二〇〇五年秋季号）のランボー特集を参照していただければ幸いである。

終章　コリウール

ほのかなハートの灯りをたよりに、思えば遠くに来たものである。八十路の坂をおぼつかない足取りで歩む、腰曲がりの老爺の取り留めのない話は、そろそろこのあたりでお開きにしよう。どうやら酔生夢死に終わりそうなこのわたしにとって、かけがえのない「宝石」のような思い出の港町について、最後に少しだけ、思いつくままに記すことを、お許し願いたい。

フランス・カタロニアの小さな港町コリウール（Collioure）へ初めて行ったのは、一九八八年の夏、多田さん最後の研究班の成果報告書『ボードレール　詩の冥府』が出版されて半年後のことである。かねてより申請してあった文部科学省の在外研究費がようやく下りることになり、パリを中心に三ケ月あまりフランスに滞在することが出来た。滞仏日誌を見ると、六月二十七日から十月七日までの日々の行状が事細かに書いてある。最後の一週間はロンドンにいたので、慌ただしい観光と大英博物館の見学に時を費やしたせいか、日誌は空白になっている。

パリでは、アンヌ＝マリ・クリスタンが教えてくれたサン・シュルピス教会横のホテル「レカミエ」Récamier に宿泊した。静かなことが何よりであったが、創業時、木下杢太郎や島崎藤村が滞在したこともわかり、そのゆかりもまたひそかな魅力であった。部屋はあまり広くなかったが、リュクサンブール公園にもサンジェルマン界隈にも近く、徒歩での散策と休憩は自由自在であった。フランス学士院横のマザリーヌ図書館で、ロマン主義関連の調べ物をしたり、執筆したりするのにも、たいへん便利だった。（そのころわたしは、『落日論』のもう一本の柱となるはずの「マラルメの夕日」に関する章を、カフェや図書館で書き継いでいた。ほんの少しだけ、サルトルやボーヴォワールの真似事をしているような気持ちでいたのかも知れない。）

朝食はホテルの部屋に運んでもらったが、昼と夕は外食だった。昼食はムッシュー・ル・プランス通り四十一番地のポリドールでとることが多かった。忘れもしない七月十四日の革命記念日だった。隣の席に坐ったアメリカ人夫婦が、愛想よく話しかけてくれた。最初、英語で受け答えしていたが、すぐに夫人がフランス人であることがわかり、その後はフランス語で夫人と話した。「昨日、地上の楽園からパリへ戻ったところなの。あなたもペルピニャンの近くのコリウールという海辺の町へ、ぜひ行ってごらんなさい」と彼女はいうのだった。

その二週間後、わたしはレカミエを出て、セーヌ河岸に近いユニヴェルシテ通のアパルトマンに宿替した。知人の紹介で、夏季休暇に出かけた住人の留守中、ほんの二ケ月ばかり仮住まいさせてもらう事になったのである。ちょうどホテル住まいに飽きが来ていた頃でもあり、また八月下旬には名古屋の姉が十日間ほどパリに来る事になっていたので、この転居は経済的な意味でも、また気分転換の面でも、まことに好都合であった。たまにセーヌ通のスーパーや魚屋で買い物をして、簡単な自炊をするのも楽しかった。姉はレカミエに投宿したが、時々このアパルトマンに寄り、胃袋にやさしい和風の食事をして帰った。

南仏旅行に出発したのは九月一日であった。オーステルリッツ駅で午前九時三十九分発の快速急行に乗り込む。日本を発つ前から用意したあった、ユーレイルパスの使い初めである。全線で一等車の利用が許されるので、予約なしで乗り込んでも例外なくゆったりした席に坐れるのが、何よりであった。（ちなみにサン＝マルセル＝ル＝ヴァランスからアヴィニョン、ニーム、マルセイユを結ぶ、フランスの高速鉄道LGV地中海線が開通したのは、二〇〇一年六月であった。）

のんびりと窓外に広がる農村の風景を楽しみながら、リモージュ、カオール、モントーバンなどを経て、トゥールーズに着いたのは午後四時五〇分だった。すぐにマルセイユ方面に向かう列車に乗り換え、六時一〇分に城砦都市カルカッソンヌに着いた。ホテル「モンセギュール」に投宿。思いがけず空調設備があった。ホテルと経営者が同じレストラン「ル・ラングドック」で八時から十時までゆっくり夕食をとった。オニオン・スープは少ししつこい味でわたしの口に合わず、半分ほど残してしまったが、ブーリッド（Bourride）という料理は上品で美味しかった。ブイヤベースに似た地中海の魚料理で、白身魚が野菜とスープと共に、花のように綺麗に並んでいた。背のすらりと高い美人のマダムがいて、終始やさしく気配りをしてくれる。三十歳ぐらいだろうか。立ち居振る舞いはちょっとファニー・アルダンと似ているが、正面から見るともっと柔らかい愛嬌のある顔立ちだった。食べ終えて勘定を済ませて外へ出ると、わざわざ店の外にまで出て、中世都市（cité médiéval）の夜間照明の見える位置を丁寧に教えてくれた。幸先のいい旅の初日だった。

翌日の午前は中世都市をゆっくりガイドの説明付きで見物してから、フランス・カタロニアの中心都市ペルピニャンへ向かった。午後五時過ぎに到着、駅前から電話で予約したホテル「ラ・ロージュ」に徒歩で向かう。シャワーを浴びて一休みした後、街中を散歩した。風物路地で乞食詩人ジョエル・リシャールと会って、しばらく立ち話した。一〇フランでカタロニア語とフランス語併載の詩集を買ったが、彼の話はつよい訛りがあり、半分ほども聞き取れなかった。ラ・ロージュ広場のブラッスリーで夕食。「海の幸の小皿」assiette des fruits de mer、白ワインのドゥミ・ブテイユ一本、そしてデザートのタルトで、満腹になったころ、広場のステージで、ボリヴィアからやって来たミュージシャンが演奏を始めた。サンポーニャ（あるいはシクー）という名の、数本の竹管を並べた、日本の「笙」に似た笛が奏でるメロディーが、なんとも情熱的で狂おしい。思わずテープを一本買う。ホテルに帰ると停電だった。蝋燭をもらって部屋に戻る。広場の活気とは違って、静かな夜だった。

翌朝、九時のポール・ボウ行きの列車に乗り、三〇分後にコリウールに着いた。歩いて一〇分ほどのホテル「マドラック」に投宿する。ゆったりとした間取りで、テラスとバスが付いている。一休みしてから、港の見える広場のレストラン「フリゲート艦」(Frégate)で昼食をとる。牡蠣、ラングスチーヌ、クルヴェット・ローズ、アルティショーなど。アルコールは控え、ミネラル・ウオーターに留めた。

いったんホテルに戻り、二時間ほど昼寝をしてから、あらためて海岸を散歩する。この町のシンボルは、港を抱え込むようにして海に突き出たふたつのモニュメント、天使たちの聖母教会(Notre Dame des anges)と王城(Le Château Royal)であろう。前者に屹立する鐘楼の起源は遠く中世に遡るが、身廊や側廊などは十七世紀カタロニアのバロック建築である。後者は十三世紀から十八世紀にかけて数々の歴史的な事件の舞台となった、美しくも威圧的な城塞であるが、現在はガイド付きの観光客で賑わっている。わたしも一時間ほどの見学に加わった。

そのあと、海岸沿いに四、五〇分ほど、町の端から端までゆっくりと歩いてみた。広いビーチが三ケ所もあって、砂浜に寝そべっている人がちらほら見られるが、さすがに海に浸かっている人はいない。

ホテルに帰り、しばらくミシュランのガイドブックや観光案内のパンフレットを見たりしながら、のんびりと時を過ごした。夕食は広場からもう少し離れた、より大衆的なレストランへ行ってみた。ムール貝のスープと名前の知れない小さな白身の魚が美味しかった。ペルピニャンに居た連中とは別のボリヴィア音楽のグループが演奏しているが、昨夜のグループの方がアンサンブルもよく、リズム感覚も素晴らしかったように思う。

翌日の午前中も海辺を散歩して過ごした。昼食は、ホテルのマダムの助言に従って、電話で予約しておいたレストラン「ラ・バレット」La Baletteへ行った。中心街から外れた高台にあって、地中海の見晴らしが素晴らしい。コリウールをこよなく愛したアンリ・マチスの言葉が頭に浮かぶ。「フランス中のどこを探しても、コリウールの空ほどの青い空を知らない。（中略）部屋の鎧戸を閉めさえすれば、地中海のすべての色がわたしの手中にある」。料理は洗練されていて、デザートに至るまですべてが極上の味であった。

その後、広場に戻って、サルダーヌ（Sardane）というダンスを見た。カタロニア地方の伝統舞踊で、静かで、優雅であると同時に、情熱を込めた不思議な魅力を持った踊りであった。男女が交互に手を取り合って輪をつくり、踵をつけないでステップを優雅に踏みながら静かに舞うのであった。カセット・テープを買い、以後繰り返し聞いた。(このダンスについては、『落日論』に「太陽の踊り」と題する章を設けて、やや詳しく論じた。)

ユーレイルパスを用いた旅は、この後、バルセローナ、マドリッド、リスボン、サンタ・クルズ(大西洋に沈む「だるま夕陽」に恵まれた)、コインブラ、サン＝ジャン・ド・リューズを経て、パリに帰還した。

パリに帰ると、一気に肌寒さを感じた。下着類を買いにサン・ミッシェル通りのモノプリへ走った。「すでに秋。昨日は夏だった!」ボードレールやヴェルレーヌの歌う「秋」と北原白秋のそれとの違いをつくづく実感した。

ちょうどその頃、アリューの一家がパリに出てきていた。九月十九日、ムッシュー・ル・プランス通りの長城飯店で昼食をした。折しもアリューは、ガリマール書店から刊行された『日本現代詩選』Anthologie de poésie japonaise contemporaine(井上靖、清岡卓行、大岡信共編、一九八六年初版、一九八九年改訂新版)の主要な翻訳者として活躍したばかりの頃であった。わたしは清岡卓行さんのお計らいで、「校閲者」の名のもとに、アリューの翻訳作業の相談相手として、終始この仕事に微力ながらも貢献できたことを今でも誇りに思っている。

アリューは、京大教養部の外国人招聘教師を八年ほど勤めてから、母国フランスへ帰り、リセの古典語古典文学教授、ストラスブール大学助教授を経て、トゥールズ・ル・ミラィユ大学日本学科で、十数年にわたって教鞭をとった。

話が少し前後するが、実はわたしは今回のカタロニア、マドリッド、リスボンへの旅の二ケ月前の七月五日、ラ・レオルでリセの先生をしているアリュー一家を訪ねて、短期日の旅をしている。オーステルリッツ駅を朝八時過ぎの列車に乗り、四時間余りでボルドーに着いた。駅のビュッフェで軽食をとり、午後二時半過ぎにマルセイユ行きの特急に乗りこんだ。マルマンドの駅に午後三時四〇分に着くと、アリュー家の四人全員が出迎えてくれた。長女エマニュエルは四歳半、長男フランソワ＝マリは十一ケ月の乳飲子であった。慣れない地方都市での育児に大変な時であったが、一家は暖かくもてなしてくれた。

それから三年ほどのち、アリューは人文研の客員として赴任し、半年余りの間、家族とともに京都の一乗寺界隈に住んだ。確かエマニュエルは七歳、フランソワ＝マリは四歳未満であった。ちなみに現在、エマニュエルはパリで建築家として、そしてフランソワ＝マリは、シドニー大学で生化学専門の特別研究員として、それぞれ活躍している。

長城飯店での昼食会は、マルマンド近郊の家での暖かいもてなしに対する、わたしのささやかな返礼であった。夫人のブリジット、エマニュエルとフランソワ＝マリ、そしてブリジットの姉で医師のクレールさんが集結して、まことに賑やかであった。ふたりの子供たちの腕白ぶりが笑いを誘ったが、店の主人の対応は親切であった。わたしは帰ってきたばかりのコリウールの話をひとしきり熱弁した。驚いたことに、アリュー夫妻も昔からコリウールが大好きなのであった。爾来わたしは、少なくとも五回のコリウール滞在を果たしているが、そのうちの三回はアリュー一家との交流をさらに深める貴重な機会となった。

すべてを振り返ることは不可能なので、二〇〇一年春の滞在を手短に語って、この美しい港町の思い出話と、そしてわたしの「回想録」そのものを、締めくくることにしたい。この滞在は、アリューの尽力により、トゥールーズ・ル・ミラィユ大学に日本学科の客員教授として招かれたことにより、実現した。二ケ月半の間に、講演一回と週一回の講義が、わたしに課せられた義務だった。わたしはトゥールーズに用のある日以外は、コリウールに滞在することを希望した。そしてそれはブリジットのおかげで見事に実現した。以後、数回にわたりわたしが居住することになった、愛すべきアパルトマンの住所（ただし番地は省略）と呼び名を、記念に書き留めておこう。Résidence Desclaux, Plage Boramar, 2ème étage, Collioure。

家主はアンチョビの製造販売で知られるデスクロー氏で、ブリジットは懇意にしていたその夫人と交渉して、港の近くのボラマールの浜に面した部屋を、わたしのために予約しておいてくれたのである。三階にあるオーシャンヴューのそのアパルトマンは、十六畳ほどのリヴィング、六畳ほどの寝室、四畳半ほどのキッチン、シャワー室に加えて、ロッキングチェアを置いたテラスまであった。地中海の空と海を一人占めする気分であった。

わたしは念のため、大学に出講する時は必ず前日にトゥールーズに一泊することにしていた。アリエージュ街のアリュー家の厄介になったり、あるいはホテル「白くま」（Ours Blanc）に投宿したりした。当時頻発したフランス国鉄の「山猫スト」（grève perlée）を恐れたからである。

このアパルトマンにアリュー夫妻を迎えた日のことを略述しておきたい。二〇〇一年四月一日、日曜日、正午を過ぎた頃、ブリジット運転のＢＭＷに乗って、アリューが到着した。この日のためにわたしが用意した昼食のメニューは以下の通り。燻製サーモン、茹で上げたばかりの白アスパラガス、レタス、crevette rose と呼ばれるエビの塩茹で、そしてアルザスの白ワイン。相変わらずの偏食メニューであるが、ふたりは喜んで食べてくれた。

この日のメニューで思い出すことがある。パリでアリューと会う時は、サン＝ラザール駅前のレストラン「ガルニエ」で、会食することが幾度かあった。わたしが奮発して、「海の幸の豪華盛り」(Plateau royale des fruits de mer) を注文すると、アリューは生牡蠣は遠慮すると言いながら、別に嫌な顔もせず、蟹やエビなど蒸したものは、四分の一ほど付き合ってくれた。もっとも彼のメインは「レアのステーキ」bifteck saignant であったが。

二時半ごろ、徒歩一〇分ほどの距離にあるホテルに滞在中の山田稔さんがやってこられた。山田さんは一週間ほど前からコリウールに滞在中で、前日にお会いした時にこの日のアリュー夫妻の訪問をお伝えしてあったので、アリュー夫妻との再会を楽しみにして来られたのである。

しばらく談笑してから、かねてからの計画通り、ポール・ボウへのドライヴに出かけた。この国境の町にはベンヤミンの墓と記念碑がある。何よりも強いインパクトを受けたのは、海にせり出す断崖に設置された、鋼鉄製の、ダニ・カラヴァンの手になるベンヤミン追悼モニュメント（一九九四年制作）であった。この訪問は、アリューが詳しい情報をあらかじめ入手しておいてくれたのと、ブリジットの安全で確実な運転のおかげで、きわめて効率的に実現したものであった。

フランス側国境の港町セルベールの、空と海の紺碧のグラデーションが眩しかった。その先は「くれない海岸」Côte Vermeille に沿ってゆっくりとコリウールに向けて北上するのである。何という素晴らしい命名であろう。この「くれない」の名が使われるようになったのは、一九一二年頃から、とアリュー夫妻が教えてくれた。ピレネー山脈の東麓と地中海に挟まれたこの沿岸地帯が、変幻する太陽の光が沸き返る楽園であることを、たったひとことで言い表している。

小休止したポール・ヴァンドル（Port Vendres）の港を行き来する船を見ながら、山田さんが故郷の門司を思い出す、とポツリと話された。わたしはボードレールの散文詩「港」Le Port を思い浮かべていた。この港は、鮮魚だけではなく、北アフリカからの果物や農産物の輸入にも大きく貢献している、とアリューが説明してくれた。

アリュー夫妻は、コリウールの海辺に近いホテルに部屋を取ったので、この日の晩は、「アル・カピーロ」Al Capillo という郷土料理屋で、山田さんを交えて四人で会食をした。

その翌朝九時ごろ、車であらためてポール・ヴァンドルの魚市場へ行った。求めたものは、鯛（pageot moyen）二尾、イカ（calamar）二はい、langoustine と呼ばれるザリガニに似た海産のエビ十二尾、crevette rose と呼ばれる小エビ五〇〇グラム、bulot と呼ばれる巻き貝五〇〇グラム、イワシ（sardine）六尾。いずれも水揚げされたばかりのものであるが、それにしてもあさましくも大量に買い込んだものである。

アパルトマンに帰ると、ブリジットさんの大奮闘が始まった。備え付けの包丁では調理に難渋したが、それでもイカと鯛とイワシの刺身が綺麗に出来上がった。これに鯛の塩焼き、茹で上げたばかりのビュロ貝、小エビ、ラングスチーヌ、そして例によってアスパラとレタスを添えた。自家製の「海の幸豪華盛り」の出来上がりである。ご飯は白米にした。車の運転があるから、もちろんアルコールは控えた。

わたしの生涯の中でも忘れられない宴がこうして終わると、すでに午後三時を過ぎていた。アリュー夫妻は三〇分後、慌ただしく帰途についた。トゥールーズの自宅までは、高速を飛ばしても二時間半はかかるのである。

こうした出会いと別れの繰り返しが、いつまでも続くと思っていたのだろうか。二〇一八年四月十二日、アリュー急逝の報に接したわたしは自らの能天気を恥じるいとますら持たなかったのである。

この日の夕べ、彼は南フランスの古都トゥールーズの自宅付近で心臓発作に見舞われ、搬送先の病院で死亡が確認された。「郵便ポストからの帰途、ささやかな散歩を終えようとして、そのまま帰らぬ人となりました」。一茶や漱石の俳句、そして金子みすゞの仏訳者でもある夫人、ブリジット・アリューの簡にして要を得た第一報からは、哀しみの衝撃が直に伝わった。

亡くなるほんの少し前までメールのやり取りをしていたが、最後に交わした主な内容は、先にも触れた仏訳「中原中也詩集」の文庫本化についての話題であった。この文庫版はアリューの死後まもなくして、ほぼ予定通り、二〇一八年六月に刊行された。いくつかの初版のミスが正されたことはもとより、わたしの希望が受け入れられて、「あとがき」に付録として「冬の長門峡」の訳が付け加えられて、正真正銘のアリュー訳中也の決定版となった。

翌二〇一九年六月に、三浦信孝氏の尽力により、東京恵比寿の日仏会館で行われた追悼記念のシンポジウムと、京大人文研で森本淳生氏の協力によって実現したブリジット夫人の講演会が、アリューを偲ぶなによりも大切な機会となった。そしてこれを機に、わたしの隠棲を彩る落日の斜光も、いよいよ深い闇の中へと消え入らんとする気配である。


さて、思い出すままに、老いの繰り言のような本稿を書いている最中に、三重県に住む小学校以来の旧友から、一本の実生の苗木が届いた。高さわずか十五センチ、見るからに可憐な酔芙蓉の幼木である。

わたしは十代の半ばを過ぎたころ、当時通っていた高校ちかくの民家に咲く、この花につよく魅せられた覚えがある。新出来町というバス停から古出来町にある学校まででは、わずか徒歩五分の距離であった。バスを降りて住宅地を北へしばらく行くと、通学路とは反対方向の左に曲がって、徳川美術館へと向かう細い路地の入口に、一軒の古い平屋があり、その玄関脇にふた株ほどのこの木が、こんもりとした小さな緑陰を作っていた。夏から秋にかけて四ケ月ほどの間、毎日つぎつぎと新たに咲き変わる一日花であるが、早朝の透き通るような白磁の輝きが、午後三時を過ぎたころには、ほんのりと紅いの色を帯び始め、夕暮れ時には濃桃色に変わっている。わたしの下校する時間は、クラブ活動の有無によってかなり大幅に前後したから、この変化を充分に確かめることができたのである。

昨年の春、植物に詳しい先述の旧友・手塚信夫君に会った際この話をしたら、自宅の庭にいくらでも実生の苗が生えて来るから、そのうち一本送ってやろう、と言ってくれたのである。はたして、花の色が移り変わるのを見とどける日はありやなしや。

彼岸すぎ苗木を植えし酔芙蓉いづくの空にこの花を見む

*

宇佐美斉 自筆年譜

一九四二年（昭和十七） 当歳
九月十五日名古屋市中区裏門前町四丁目二四番地で、父中西弘勝、母ゆきの長男として出生。二つ上の姉・正子に次ぐ第二子である。小学校一年生までは中西姓、戸籍名は齊（ひとし）。父弘勝は明治四十年八月十日、現在の名古屋市中川区荒子町に、中西勝次郎・志なの四男として出生。勝次郎は弘勝の出生後数十日で死去。末子である弘勝には、早逝した長兄の他に、一人の姉と二人の兄がいた。上の兄忠次が家督を相続し、下の兄金松（のち泉と改名）は、家を出て各地を遍歴し、戦後「すみれ洋裁学院」を興し、学校法人「中西学園」（名古屋外国語大学その他）の初代理事長となった。十五歳年長の姉ゆき江は、名古屋市中川区八家町の宇佐美七太郎に嫁した。この姉夫婦に子供がいなかったため、高等小学校を終えたばかりの弘勝は、母志なの言い付けで宇佐美七太郎・ゆき江の養子となった。学業成績もよく旧制中学への進学を約束されていたが、ちょうどそのころ七太郎が相場に手を出し、所有する土地の過半を失うという予期せぬ出来事が起こった。約束を反故にされた弘勝は、いとう呉服店へ丁稚奉公に出され、一九二二年（大正十一）、松坂屋に入社した。一度目の結婚で一子・かづ子を得たものの、まもなくその妻は結核で死亡した。昭和十五年十二月二十三日、鈴木ゆきと再婚、かづ子を養父母に託して、大須観音界隈の裏門前町に世帯を持った。この時、弘勝は中西姓に戻っているので、養子縁組は解除されたと思われる。母ゆきは、大正四年七月二十二日、中川区篠原町三ツ屋で鈴木鶴次郎・すて夫婦の五女として出生。幼くして夭折した兄弟姉妹を除くと、姉と兄がそれぞれ一人、弟が一人いた。生家は酒類・米穀類ほか多くの食料品を扱う商家であった。椙山高等女学校卒。職業婦人に憧れたが、父鶴次郎のつよい反対にあい、父母の決めた結婚相手のもとに嫁いだ。

一九四五年（昭和二十）　三歳

三月、裏門前町で、米軍による空爆を受け、家屋焼失の被害に遭う。中川区小本本町に転居するも、この家も間もなく被災、その際、四歳の姉の手を引き、二歳半のわたしを背負った身重の母が、防空壕へ駆け込んだ直後に、その背後に着弾した焼夷弾が炎上したそうである。その後、難民となった一家は、鈴木鶴次郎の奔走により、愛知県中島郡祖父江町（現在は稲沢市に編入）に疎開する。四月一日、弟・甫が出生。七月十五日、八家町の家を同じく空襲で失い、ゆき江とかづ子を連れて新潟県に疎開していた宇佐美七太郎が死去。行年六十四。八家町の家が、住宅密集地でもないのに、町内でただ一軒だけ被災したのは、B29のパイロットが近くの池が光るのを見て気まぐれを起こして爆弾を投下したのではないか、との推測を聞かされた覚えがある。終戦後、ゆき江とかづ子は、八家町の焼け跡に仮屋を建てて移り住む。弘勝・ゆき夫婦は、疎開先から、乳飲児を含む三人の子供を連れて引き上げ、名古屋市港区東海通三丁目の鈴木家縁戚の家作に、ようやく安住の地を得る。

一九四八年（昭和二十三）　六歳

一月二十五日、妹・直子出生。四月。名古屋市立中川小学校に入学。戦後教育の徹底した漢字制限に従い、以後、名前は一貫して「斉」と表記される。この頃、ラジオで「ナカニシフトシ」選手の活躍が繰り返し報じられるのを聞いて、「ナカニシヒトシ」は耳をそばだてた。先ごろ亡くなった中西太が西鉄ライオンズに入団する前、つまり高松一高で三度の甲子園出場を果たした頃のことに違いない。

一九四九年（昭和二十四）　七歳

七月二十六日、かづ子が女学校卒業後まもなくして、その母と同じ病気で死去。行年十七。かづ子とは、姉・正子と八家町へ遊びに行った際に、一度だけ会ったことがある。血の繋がった幼い妹と弟に会えたことをひどく喜び、あれこれやさしく世話をしてくれたが、どことなく淋し気な佇まいであったことが記憶に残っている。

一九五〇年（昭和二十五）　八歳

一月二十五日、中西志なの再三にわたる勧告に従い、父母が再び宇佐美ゆき江と養子縁組することになり、以後、宇佐美姓となり、一家で八家町に移り住む。父・弘勝は松坂屋を退職後、義兄鈴木廣二が所長を務める中川食糧事務所に勤務していたが、これを機に、敷地の一部に店舗を構え米屋になる。ただしこの仕事は、長男のわたしも二男の甫も継がなかったので、一代限りに終わる。また父にはこれを家業とするような意気込みもなかったと思う。四月、名古屋市立昭和橋小学校に二年生として転入学。

一九五四年（昭和二十九）　十二歳

四月、小学校六年生になる。六月、学校給食法公布。極度の偏食のため給食で出されたものを毎回残すので、担任の教師から咎められ、厳しい折檻と辱めを受ける。

一九五五年（昭和三十）　十三歳

四月、名古屋市立昭和橋中学校に入学。弁当持参の通学により、一気に世界が明るくなったような気がした。学校の機関誌「昭和橋」（年刊）に、毎号、詩やエッセーを投稿する。

一九五八年（昭和三十三）　十六歳

四月、愛知県立旭丘高等学校に入学。文芸部に所属し、機関誌「新緑」や生徒会の年報誌「旭苑」に、詩や小説を発表する。八月、同好会「オリーブの会」のメンバーとなり、原水爆に反対する平和行進に加わる。

一九五九年（昭和三十四）　十七歳

九月、二十六日から二十七日にかけて、台風十五号が中部地方を縦断、三重、愛知、岐阜各県に甚大な被害をもたらす（いわゆる伊勢湾台風）。自宅は、東の中川運河から約一キロ、西の庄内川から約五キロの距離にあったが、風がおさまって眠りについた未明になり、氾濫した水が東西から押し寄せ、店舗の一部が浸水して精米機が使えなくなった。居住部分は、敷地を嵩上げしてあったので浸水を免れ、近隣の被災者十数名を臨時の避難所として受け入れた。「オリーブの会」のメンバーとともに、小牧空港での救援物資の積み下ろしや、名古屋市南西部の小学校でのヘドロの撤去作業などの、ボランティア活動に参加する。十一月二十七日、安保改定阻止第八次統一行動の一環として、初めてデモに加わる。

一九六〇年（昭和三十五）　十八歳

六月、十五日、反安保統一行動のデモに参加、翌朝、国会議事堂前で樺美智子が死亡したことを知る。十九日、「自然承認」に虚脱感を覚える。八月、鶴舞公園内公会堂で行われた「総括集会」に参加。以後、受験勉強に集中することを誓う。

一九六一年（昭和三十六）　十九歳

四月、京都大学文学部に入学。吉田中大路の民家に下宿する。十二月、同人誌「状況」を、有地光、小野利家、吉田祥一、野口健朗、田中章雅らと創刊、評論「無の世界の奢り」を発表。この雑誌は三号から活版に切り替え、部数を一二〇〇部に伸ばして、「学生綜合雑誌」を志向した。「日本読書新聞」（一九六三年七月八日号）で「学生雑誌の新胎動」と題して、東大の「大学論叢」と並べて紹介されたが、第四号を出して終刊となった。

一九六二年（昭和三十七）　二十歳

十月、十一月、「十一月祭準備委員会」に加わり、企画・構成に携わる。「六十二年十一月祭ニュース」第一号に、「故郷喪失の時代とぼくら」と題するテーマ説明の文章を書く。

一九六三年（昭和三十八）　二十一歳

一月、「京都大学新聞」に「ランボー試論」を書く。

一九六四年（昭和三十九）　二十二歳

二月、関田町界隈（田中大堰町）に宿替えをする。旧西園寺邸清風荘北隣の旧家二階の八畳間が、以後三年間の居所となる。

一九六五年（昭和四十）　二十三歳

三月、京都大学文学部（フランス語学フランス文学専攻）卒業。四月、同大学院文学研究科修士課程（フランス語学フランス文学専攻）に進学。十月、十一月、「九州大学新聞」のシリーズ企画「戦後の詩人達」に起用され、「清岡卓行論」を「上・下」二回に分けて発表。十一月下旬、たまたま京大文学部学友会主催の座談会に、清岡卓行が飯島耕一、大岡信、渡辺武信とともに講師として招かれ、休憩時間に短い初対面の挨拶をする。

一九六六年（昭和四十一）　二十四歳
八月、清岡卓行、黒田三郎、長田弘の編集する月刊誌「詩と批評」に「詩と時空」を発表。十一月、同誌に「成熟について」を発表。

一九六七年（昭和四十二）　二十五歳
三月、京都大学大学院文学研究科修士課程（フランス語学フランス文学専攻）修了。四月、関西学院大学文学部専任助手となる。同時に創設されたばかりの同大学大学院文学研究科博士課程（フランス語学フランス文学専攻）の唯一の学生となる。五月、竹中幸子と結婚。八月、清水昶らの同人誌「首」十一号に「語り終ったあと」を発表。

一九六八年（昭和四十三）　二十六歳
二月、「詩と批評」に「旅の空間」を発表。十月、同誌に「恋愛の空間」を発表。

一九六九年（昭和四十四）　二十七歳
七月、長女香出生。八月、愛知県立女子大学文学部英米文学科を卒業したばかりの妹直子が急逝する。九月、フランス政府給費留学生として、パリ第十大学大学院博士課程（フランス文学専攻）に留学。十一月、思潮社刊行の全詩集版『清岡卓行詩集』の解説として、清岡卓行論を発表。

一九七一年（昭和四十六）　二十九歳

八月、二年間の留学を終え帰国。その直前に、家族を乗せてパリ近郊のシュヴルーズの森へドライブした際、運転の未熟さから惨事に繋がりかねない事故を起こしかけたが、対向車の機転により奇跡的に回避、これを教訓にして、以後、運転免許証の更新をきっぱりと諦める。

一九七二年（昭和四十七）　三十歳

四月、関西学院大学文学部専任講師となる。十二月、「ユリイカ」に「清岡卓行と批評」を発表。

一九七三年（昭和四十八）　三十一歳

八月、二女朋子出生。十一月、鮫島光（旧姓有地）、福島勝彦と三人で同人誌「樹海」を創刊、「何処へ？　立原道造私論」を発表。この雑誌は一九八〇年十月に第八号を出して終刊となるが、最後は「立原道造の出発」で締めくくる。

一九七四年（昭和四十九）　三十二歳

七月、フェルナンド・アラバール著『鰯の埋葬・バビロンの邪神』（新しい世界の文学・67）を白水社より刊行。

一九七五年（昭和五十）　三十三歳

三月、齋藤愼爾の好意と尽力により、初の評論集『詩と時空』が深夜叢書社より刊行される。

一九七六年（昭和五十一）　三十四歳

四月、関西学大学文学部助教授となる。「群像」四月号に「郷愁の方向」と題するエッセーを発表。後日刊行する『落日論』の萌芽となる。

一九七八年（昭和五十三年）　三十六歳

十月、編訳書『素顔のランボー』（ドラエー、イザンバール、マチルド、イザベル著）を白水社より刊行。「文藝」十二月号に、清岡卓行の「ランボー論の新しい希望」と題する書評（翌年刊行の『ランボー私註』に収録予定のいくつかの既発表の詩人論と合わせて論評）が出て、大いに勇気づけられる。十一月二十八日、毎日新聞夕刊の「めぐりあい」欄に、清岡卓行の「中年の心支えた青年の一文」と題するエッセーが掲載され、深い感動を覚える。

一九七九年（昭和五十四）　　三十七歳

二月、『ランボー私註』を国文社より刊行。三月、「関西学院広報」に、「ランボーの生地シャルルヴィルを訪ねて」を書く。十一月、アポリネール著『坐る女』の訳と詩人の詳細年譜を担当した〈アポリネール全集〉第三巻が、青土社より刊行される。五月、イヴ＝マリ・アリュー著『日本詩を読む』（大槻鉄男訳）の書評を「週間読書人」に発表。翌年その著者と知り合いになるとは夢にも思わなかった。

一九八〇年（昭和五十五）　　三十八歳

四月、京都大学人文科学研究所助教授となる。古参の庶務係から名前について注意あり、学内では戸籍記載通り「齊」を使うようにと申し渡される。多田道太郎教授が主宰する共同研究班「ボードレール『悪の花』註釈」に、以後六年間にわたり加わる。五月、京都大学教養部のフランス語中央室で、イヴ＝マリ・アリューと初めて会い、山田稔と会う機会も増える。六月、筑摩書房の〈堀辰雄全集〉第七巻の月報に、「詩人の變奏」と題するエッセーを発表。八月、筑摩書房の〈新修宮沢賢治全集〉第十六巻の月報に「書簡集の魅力」

と題するエッセーを発表。

一九八一年（昭和五十六）　三十九歳

六月、集英社の〈吉田健一著作集〉補巻一の月報に「生き方と書き方」と題するエッセーを発表。

一九八二年（昭和五十七）　四十歳

一月―四月、毎日新聞朝刊のコラム「詩圏」を担当。九月、書き下ろしの詩人論『立原道造』（近代日本詩人選・17）を筑摩書房より刊行。

一九八三年（昭和五十八）　四十一歳

十二月、中央公論社刊行の『清岡卓行詩集』（現代の詩人6）の鑑賞欄を執筆。

一九八四年（昭和五十九）　四十二歳

四月、京都大学文学部および同大学院文学研究科授業担当、定年時の二〇〇六年三月まで続ける。

一九八五年（昭和六十）　四十三歳

三月、前年度に月刊誌「ふらんす」に連載したイヴ＝マリ・アリューのエッセー集 Un Spectacle amusant が、フランス語の中等読本になる（編注・後記執筆）。五月、景山理が前年創刊した月刊「映画新聞」の「洋画時評」を担当。一九八七年十一月までに取り上げた作品は、トリュフォー「日曜日が待ち遠しい」、デュラス「インディア・ソング」、ベルイマン「ファニーとアレクサンデル」、ヴァルダ「冬の旅」、ロメール「O公爵夫人」、「オーソン・ウェルズのフォルスタッフ」、大島渚「マックス、モン・アムール」、ロメール「緑の光線」。十月、大阪フォルム画廊で開催された黄憲展の図録に「黄憲展のために」を書く。思潮社刊行の『清岡卓行全詩集』の折込に、「ある日の詩人」を発表。

一九八六年（昭和六十一）　四十四歳

三月、多田道太郎編『シャルル・ボードレール『悪の花』註釈』（上下二巻）が、京都大学人文科学研究所の特定出版物（非売品）として刊行される。三月―六月、パリ第七大学「テクストと資料の科学科」および「東アジア言語文化研究科」客員教授として、パリに滞在。同大学で「人文科学研究所におけるフランス研究」をテーマに講演をする。この内容をもとにして加筆した論考を、二〇〇〇年三月に、研究所の欧文紀要 Zinbun 三十四号に発表。六月二十五日、父弘勝が解離性大動脈瘤により急逝、知らせを受け航空機を乗り継いで帰国するも、葬儀には数時間の差で間に合わなかった。行年七十七。父は古希を迎える前に仕事を辞め、松坂屋時代に習い覚えた観世流の謡曲を、かつての同僚たちとあらためて稽古し直したり、飲み友達でもあった義兄鈴木廣二とたびたび温泉旅行に出かけたりして、比較的穏やかな余生を送っていた。

一九八七年（昭和六十二）　四十五歳

一月、この頃までに、大阪日仏センター代表の横山理との交友が深まり、同センターの冬期講座で、ジャック・プレヴェールの詩「朝の食事」について講演をする（のち講座案内の裏表紙にその内容を要約して発表）。八月、人文科学研究所夏期講座にて、「〈夕日〉と文学――フランス近代詩を中心に――」と題して講演（翌年三月刊行の所報「人文」三十四号に要旨掲載）。朝日新聞大阪本社の依頼で、公開された邦画と洋画の年間優秀作（朝日ベストテン）を選ぶ委員を、翌年まで二年間務める。このころは、新作旧作を問わずあちこちの映画館に足を運ぶ「映画狂時代」、この方面でも大先輩の山田稔と試写室で鉢合わせすることもあった。

一九八八年（昭和六十三）　四十六歳

二月、講談社文芸文庫版『アカシヤの大連』の解説として、「清岡卓行の空間」を書く。三月、多田道太郎編『シャルル・ボードレール『悪の花』註釈』の改訂新版（上中下三巻）が平凡社より刊行される。

一九八九年（平成一）　四十七歳

三月、所報「人文」三十五号に「サルダーナとの出会い」を発表。六月、『落日論』を筑摩書房より刊行。十月、「すばる」にエッセー「柱時計のふたつの顔」を発表。十二月、産経新聞に「世紀末という〈落日〉」を書く。「鳩よ！」に「放浪のにしひがし――山頭火とランボー」を発表。

一九九〇年（平成二）　四十八歳

三月、『落日論』で第二回和辻哲郎文化賞を受ける。三月、東京・中日新聞に、「落日に憑かれて」を書く。四月、京都新聞に「作家の恋文」を書く。五月、ちくま文庫のマルグリット・デュラス著・清岡卓行訳『ヒロシマ私の恋人』の解説「愛と死と狂気の物語」を発表。七月、国際日本文化センター客員助教授を以後二年間勤める。この前後、六年間にわたり、中西進教授の共同研究班に参加する。九月、「三田文学」秋季号に「夏を送る」を発表。

一九九一年（平成三）　四十九歳

一月、「鳩よ！」に「ボードレールの日本上陸」を書く。「夕刊フジ」に「作家の恋文」を連載。二月、「新潮」に清岡卓行著『薔薇ぐるい』の書評「フローラへの供物」を書く。三月、編著書『フランス・ロマン主義と現代』を筑摩書房より刊行。七月、産経新聞に「アルチュール・ランボー百年忌に寄せて」を発表。八月、「現代文学」に「詩と批評の連携――平出隆論」を書く。九月、祖母ゆき江が死去。行年百。十一月、『素顔のランボー』の改訂新版が筑摩叢書の一冊として刊行される。

一九九二年（平成四）　五十歳

一月、「現代詩手帖特集版・ランボー一〇一年」に「永世と孤立」を発表。二月、「新潮」に「演戯と変身――恋愛書簡の磁場――」を発表。三月、国書刊行会の〈ドイツ・浪漫派全集〉最終巻月報に、「ロマン主義の余白に」を発表。四月、小沢書店刊行の〈小川国夫全集〉第一巻の栞に「瞬間の輝きと生の充溢」を発表。四月から一年間、大阪大学文学部および同大学院文学研究科授業担当。柏木隆雄・加代子夫妻との交友がより一層深まる。九月、評論集『詩人の変奏』を小沢書店より刊行。「文学」秋季号に「私語りと変奏」と題するランボー論を発表。十一月、『アルチュール・ランボー詩集』（アルベール・メッサン版〈巨匠たちの自筆原稿叢書〉草稿複製篇・訳詩篇・解題付）を臨川書店より刊行。

一九九三年（平成五）　五十一歳

一月、社会福祉法人新生会の広報誌「新生」に「詩人建築家の夢」を発表。二月、「新潮」に辻井喬著『群青、わが黙示』の書評「鎮魂の調べから嘆きぶしへ」を書く。四月、京都大学人文科学研究所教授となる。

一九九四年（平成六）　五十二歳

三月、『エリュアール詩集』を小沢書店より刊行。「週刊読書人」に「語源探索の楽しみ」を発表。所報「人文」四十号に、前年秋に研究所の開所記念講演として話した「詩のことば――リュートからイメージへ」の要旨を書く。六月、写真家佐藤旭との共著書『太陽の記憶』を淡交社より刊行。九月、「秋の表象と風土――フランス近代詩から」をポーラ研究所の「is」六十五号に書く。「文学」秋季号に青土社版『ランボー全詩集』(平井啓之・湯浅博雄・中地義一訳)の書評「テクスト研究と翻訳との統合の試み」を発表。

一九九五年(平成七)　五十三歳

一月、臨川書店刊行の〈ジュール・ルナール全集〉第二巻月報に、「一房の髪」を発表。ミネルヴァ書房刊行の季刊誌「発達」六十一号に「詩と思想における才能の発現と年齢」を発表。

一九九六年(平成八)　五十四歳

一月、「発達」六十五号に「私は他者――ランボーの警句をめぐって」を書く。三月、『ランボー全詩集』をちくま文庫の一冊として筑摩書房より刊行。産経新聞に「マルグリット・デュラスを悼む」を書く。人文科学研究所の機関誌「人文」第四十二号に「大洪水のあと」と題するエッセーを発表。十一月、学燈社刊行の『日本名詩集成』に収録の清岡卓行五篇につき詩篇解説を書く。

一九九七年(平成九)　五十五歳

一月―三月。「ふらんす」に「フランス詩こぼれ話」を三回連載。九月、中原中也の会・中原中也生誕九十年記念大会シンポジウム「中原中也とフランス文学をめぐって」に、新井豊美、飯島耕一とともにパネリストとして参加。十月、編著書『象徴主義の光と影』をミネルヴァ書房より刊行。中原中也記念館で開催された特別企画展のパンフレットに「中原中也の〈幸福〉訳をめぐって」を書く。十二月、評論集『フランス詩　道しるべ』を臨川書店より刊行。十二月、銀座の日動画廊本店で開催された「黄憲展」に寄せて、「黄憲の絵」と題するエッセーを画廊の季刊誌「繪」に発表。

一九九八年（平成十）　　五十六歳

三月、「中原中也研究」第三号に、「唄が流れる　中原中也と小林秀雄の「幸福」訳をめぐって」を発表。四月二十一日、右記の論考を紹介する記事が読売新聞夕刊に掲載され、『評伝中原中也』の著者である吉田凞生《ひろお》が、「ひっくり返るほど驚いた。本当に不思議なことだが、私も含め、研究者はみんな見過ごしていたとしか言いようがない」とのコメントを寄せる。十月、「三田文学」秋季号に「夏を送る」と題するエッセーを発表。

一九九九年（平成十一）　　五十七歳

一月、角川書店刊行の〈新編中原中也全集〉（全五巻および別巻一）の編集に携わる（二〇〇四年十一月まで）。他の編集委員は、大岡昇平、中村稔、吉田凞生、佐々木幹郎。三月、読売新聞夕刊に「文学と悪戯」と題するエッセーを発表。四月、「現代詩手帖」の特集「現代詩　この一篇」に、清岡卓行の「ある名前に」を選び、「特別な一篇」と題してエッセーを発表。七月、「中原中也の会会報」六号に「近代詩の中の恋愛——立原道造に照らし合わせて」を書く。七月、別冊太陽「日本の郷愁　夕焼けこやけ」に「夕陽と近代日本の抒情」を書く。八月、フランス政府よりパルムアカデミック勲章（シュヴァリエ級）を授与される。「中原中也研究」第四号に「ルナールと中原中也」を発表。十月、辻征夫の小説『ぼくたちの（俎板のような）拳銃』の書評「黄金と遍歴」を「新潮」に発表。清岡卓行の長編小説『マロニエの花が言った』の書評を東京・中日新聞に書く。十一月、週刊朝日百科〈世界の文学〉十七号に「ランボー・流星の輝き」と「アポリネール・心の操縦士」を書く。十二月、立原道造記念館館報に、「京都の詩人建築家」と題するエッセーを発表。

二〇〇〇年（平成十二）　五十八歳

一月、「中原中也の会　会報」第七号に「白沙村荘について」と題するエッセーを発表。三月、「週刊読書人」の特集記事「中原中也の新生」に寄せて、翻訳家としての中也像を語るエッセーを発表。六月、〈新編中原中也全集〉第三巻「翻訳」が出版される。担当の編集委員として多忙を極めたが、大出敦、加藤邦彦、吉本素子の良き協力を得た。折り込みの月報に、イヴ＝マリ・アリューの「なぜ中原中也なのか」を訳す。この月報には、多田道太郎の「軍服を着た中原中也」という、貴重な敗戦前後の青春回顧も収録されている。「ユリイカ」中原中也特集号に、加藤典洋、佐々木幹郎との鼎談「中也の脳を探索する」の報告が掲載される。七月、季刊「iichiko」六十七号に「翻訳家中也の全貌」と題する論考を発表。八月、「中原中也研究」第五号に、シンポジウム「中原中也、近代詩の中の恋愛」の報告が載る（パネリストは中村稔、國生雅子、北川透、宇佐美斉）。十二月、藤原書店のPR誌「機」に、「バルザックの恋文」を書く。

二〇〇一年（平成十三）　五十九歳

一月—十二月、小原流の「挿花」に、「ランボーの花園」と題して記事を連載する。三月—五月、トゥールーズ・ル・ミラィユ大学日本学科客員教授。五月、「国文学解釈と鑑賞」の別冊「立原道造」に、「物語を織る喜びと哀しみと」を発表。六月、「翻訳」巻の刊行を記念して、日本近代文学館で行われたシンポジウム「中原中也とランボー、ヴェルレーヌ」に、問題提起者およびパネリストのひとりとして参加、この報告は翌年八月刊行の「中原中也研究」第七号に掲載。十月、中原中也記念館秋の企画展リーフレットに「フランス近代詩への情熱——富永太郎と中原中也をむすぶもの」を書く。十一月、編著書『アヴァンギャルドの世紀』を京都大学学術出版会より刊行。

二〇〇二年(平成十四)　六十歳

一月—十二月、月刊誌「挿花」に「作家の恋文」を連載。三月、読売新聞に「アヴァンギャルドの世紀を問う」を書く。立原道造記念館の企画展図録「立原道造と杉浦明平」に、「立原道造の往復書簡を読む」を発表。十一月、「現代詩手帖」の清岡卓行特集に「日常から一瞬へ」を書く。十二月、立原道造記念館館報二十四号に「新資料〈蛙ノート〉雑感」を書く。十二月十三日、パリ第七大学で行われたイヴ゠マリ・アリューの国家博士号(旧制度による)請求論文「日本におけるフランス詩　1920-1940」La Poésie française au Japon(1920-1940)の審査会に出席、前後一週間の慌ただしいパリ在在であったが無事に終わって安堵する。他の審査員は、ジャクリーヌ・ピジョー、ピエール・ブリュネル、イレーヌ・タンバ。

二〇〇三年（平成十五）　　　六十一歳

三月、所報「人文」五十号に「中原中也とランボー」（前年夏期講座の講演要旨）を書く。筑摩書房の〈ネルヴァル全集〉第六巻月報に「中原中也とネルヴァル」を書く。六月、「現代詩手帖」に「伊東静雄の京都」を書く。十一月、日本フランス語フランス文学会関西支部長となり、以後二年間勤める。「國文学」に「フランス詩の磁場」を発表。

二〇〇四年（平成十六）　　　六十二歳

一月、『作家の恋文』を筑摩書房より刊行。二月、「ちくま」に「作家の恋文を読む」を書く。読売新聞に「作家の恋文を読む楽しみ」を書く。四月、NHKラジオ・フランス語講座テキストに、対訳シリーズ「作家の恋文を読む」の連載を始め、二〇〇六年三月まで続ける。六月、ランボー生誕百五十周年記念京都集会「新世紀の黎明に立つアルチュール・ランボー」Rimbaud à l'aube d'un nouveau siècle を、関西日仏学館と人文科学研究所で共同開催。同館副館長のジャン＝フランソワ・アンスと協力して奔走する。八月、京都新聞に「白熱の現在を生きる詩人ランボー」、「現代詩手帖」に「紫陽花の消長——春日井健の死を悼む」を書く。九月、立原記念館館報に「立原道造生誕九十年に寄せて」を書く。十一月、〈新編中原中也全集〉別巻・下の「研究篇」に「フランス詩の磁場」を発表。

二〇〇五年（平成十七）　　　六十三歳

五月、日本フランス語フランス文学会副会長となり、以後二年間勤める。六月、軽井沢町中央公民館に於いて、「中原中也と立原道造——相照らすふたつの詩精神」と題して講演。

そのあと、中原中也の会と四季派学会の共催によるシンポジウム「抒情の変容と可能性――四季派をめぐって」に参加。八月、中原中也の会「会報」に「大岡昇平と中原中也」を書く。九月、山口市湯田温泉で行われたシンポジウム「大岡昇平と中原中也全集」に、佐々木幹郎とともにパネリストとして参加、司会は樋口覚。この報告は翌年八月刊行の「中原中也研究」第十一号に掲載。「流域」五十六号に、ピキエ書店から刊行されたばかりのイヴ＝マリ・アリューの仏訳『中原中也詩集』Poèmes de Nakahara Chûya について、「フランス語になった中原中也」と題して紹介記事を書く。「iichiko」秋季号のランボー特集に「白熱の現在を生き続ける詩人」を発表。

二〇〇六年（平成十八）　六十四歳

一月、「日本歴史」に「日仏文化交渉の研究」を書く。二月、「ふらんす」に「仏訳中原中也詩集をめぐって」を書く。三月、二十六年間勤務した京都大学人文科学研究所を定年により退職する。二十三日、退職記念講演を「詩を読む・語る・訳す」と題して、東一条の本館二階大会議室で行う（のちに評論集『中原中也とランボー』に加筆して収録）。四月、京都大学名誉教授となる。ランボー生誕百五十周年記念京都集会の報告書を、パリのKlincksieck社より刊行（Arthur Rimbaud à l'aube d'un nouveau siècle : Actes du colloque de Kyoto）。四月五日から五月九日まで、トゥールーズ、コリウール、パリに滞在。トゥールーズでは、数回、ル・ミラィユ大学日本学科で講義をする。六月、三日、清岡卓行逝去の報に接する。編著書『日仏交感

の近代　文学・美術・音楽』を京都大学学術出版会より刊行。「吉田城さんの思い出」を、「仏文研究」吉田城先生追悼特集号に書く。七月、「現代詩手帖」に「四十年の歳月――清岡卓行さんを悼む」を書く。佐藤泰正編『中原中也を読む』（笠間書院）に、「中原中也とランボー」の一章を書く。七月、慢性腎炎の疑いが生じ、京都大学病院に入院して「腎生検」を受け、以後定期的に検査と治療を受ける。八月、「中原中也研究」第十一号に、イヴ＝マリ・アリューの「中原中也、あるいはその「無垢の歌」をめぐって」を訳す。十一月、筑摩書房刊行の〈立原道造全集〉（全五巻）の編集に携わる（二〇一〇年九月まで）。他の編集委員は、中村稔、安藤元雄、鈴木博之。十一月、大阪大学で開催された日本比較文学会関西支部大会のシンポジウムに講師・コーディネーターとして参加、「フランス近代詩の受容と創造――富永太郎と中原中也――」と題して講演。他のパネリストは小西嘉幸、三野博司、松島征。司会は北村卓。

二〇〇七年（平成十九）　六十五歳

三月―六月、時事通信社配信各紙に「中也の軌跡」を九回にわたり連載。四月、「現代詩手帖特集号　中原中也生誕百年」に「この世とあの世の往還」を書く。四月―九月、イヴ＝マリ・アリューとの共同作業による「フランス現代詩をよむ」を、白水社の月刊誌「ふらんす」に連載。五月、「別冊太陽　中原中也　魂の詩人」に「フランス詩との交感」を書く。六月、山口県の秋吉台国際文化村で行われたシンポジウム「季節《とき》が流れる、城砦《おしろ》が見える」に、ジャン＝リュック・ステンメッツ、イヴ＝マリ・アリュー、鈴村和成とともに、パネリストとして参加。司会は佐々木幹郎。この報告は翌年八月刊行の「中原中也研究」第十三号に掲載。神奈川近代文学館の「中原中也と富永太郎展」の図録に「フランス詩の絆――太郎と中也」を書く。十月、「軽井沢高原文庫通信」六十八号に「浅間の噴火と蛾の残した歌」を書く。この頃、京都府立図書館前の駐輪場で前籠に本を数冊入れたまま転倒、頭部に十二針を縫う大怪我を負い、以後、自転車に乗ることをきっぱりと諦める。十二月二日、多田道太郎逝去の報に接するも体調不良によりやむをえず葬儀に欠席。イヴ＝マリ・アリューの『日本詩を読む』の改訂増補版が、『日本詩仏訳のこころみ』と題して白水社から刊行され、新たに書き下ろした「解説」が掲載される。この年は中原中也の生誕百周年に当たり、各種のイベントへの参加や細かい原稿の依頼があり、すべてには応じきれなかった覚えがある。

二〇〇八年（平成二十）　六十六歳

六月、岩阪恵子との共編で『清岡卓行論集成』（上下二巻）を勉誠出版より刊行。八月、帯状疱疹を患い、京大病院に十日間ほど入院。十一月、「現代詩手帖」に新井豊美、高橋英夫とともに行なった座談会の報告「虚点を貫く――詩人清岡卓行の全体像」が載る。十二月、パリの日本文化会館において、「翻訳者にして翻訳された詩人　中原中也」と題して、イヴ＝マリ・アリューと対談。シャルルヴィル＝メジエール市のメディア・センターで、「日本におけるランボーの受容」についてフランス語で講演。

二〇〇九年（平成二十一）　六十七歳

八月、前年シャルルヴィル＝メジエール市で行なったアリューとの対談を和訳して「中原中也研究」第十四号に発表。同じく同市で行なった講演を和訳して、「一九三〇年代の日本におけるランボーの受容」と題して、福島泰樹の編集になる「文藝月光」（勉誠出版）第一号に発表。十月、二女朋子が梅田康一と結婚する。「日本近代文学館年誌」に「自筆原稿の恵み」を書く。

二〇一〇年（平成二十二）　六十八歳

三月、清岡卓行についての小論「刻み込まれた年輪」を「現代詩手帖」に発表。十一月八日、母ゆき、名古屋市内の有料老人ホーム「ハイリタイア松葉公園」の個室で老衰のため死去。行年九十五。父の死後、本人の希望通り、近くに住む姉夫婦の助けを借りつつ、元気にひとり暮らしを続けていたが、九十になる直前に軽い認知症状が現れたので、姉とも相談のうえ施設に預けた。月に少なくとも二度、三度と訪問に通ったが、会うと満面に喜びを表し、帰り際には「また来てね」と寂しそうに囁いた姿が今も目に浮かぶ。

二〇一一年（平成二十三）　六十九歳

三月、二女朋子に娘が生まれ、咲来と名付けられる。孫に恵まれた喜びにひたる。九月、評論集『中原中也とランボー』を筑摩書房より刊行。中原中也記念館の展示パンフレット「雑誌『四季』と中原中也」に「中原中也とデボルド＝ヴァルモール」を書く。

二〇一二年（平成二十四）　七十歳

二月、筑摩書房刊行の〈ヴァレリー集成〉第五巻の月報に「失われた眼鏡」と題するエッセーを発表。四月、NHKテレビ・フランス語講座テキストに、「フランス名詩散策」と題して連載を開始、翌年三月までに十二名のフランスの詩人を厳選して扱う。五月、神奈川近代文学館において、「富永太郎の絶筆」と題して講演。翌年刊行の「中原中也研究」第十八号に掲載される。

二〇一三年（平成二十五）　七十一歳

三月、長崎県諫早市で開催の第二十三回伊東静雄賞贈呈式で、「旅と望郷——伊東静雄と中原中也」と題して記念講演。八月、岩波文庫の中原中也訳『ランボオ詩集』に「解説」を書く。十月、右目の白内障手術を受ける。

二〇一四年（平成二十六）　七十二歳

六月、愛知大学豊橋キャンパスで行われた中原中也の会の研究集会「丸山薫と中原中也——四季派の抒情——」にパネリストとして参加。「詩人にとって〈青春〉とは何か」と題して報告。愛知大学を停年退職して間もない、京大仏文以来の友人浜本正文と旧交を温める。十月、立原道造の生誕百年を記念して、「新全集以後の立原像」と題して安藤元雄と対談、詳細が「現代詩手帖」に掲載される。

二〇一六年（平成二十八）　七十四歳

六月、書き下ろしの詩人論『清岡卓行の円形広場』を思潮社より刊行。第七章は前年五月の大連紀行に基づく。

二〇一七年（平成二十九）　七十五歳

七月、「現代詩手帖」に饗庭孝男を追悼する一文「暮れなずむパリの街で」を発表。七月、「詩の練習」第三十一号に、「ランボーの〈聖なる光明〉について」を発表。八月、「中原中也研究」第二十二号に「〈丸山薫全集〉について」を発表。九月、晶文社刊行の〈吉本隆明全集〉第十三巻の月報に「波の下の思想を」と題するエッセーを発表。

二〇一八年（平成三〇）　七十六歳

四月十二日、イヴ＝マリ・アリューが急逝、行年七十。ブリジット夫人からの通報によると、フランス南部のトゥールーズ市の自宅近くで心臓発作のため倒れたという。七月、中原中也の会の「会報」に「アリューさんの贈り物」と題する追悼文を書く。

二〇一九年（令和一）　　七十七歳

六月二十九日、東京恵比寿の日仏会館で行われたアリュー追悼の記念シンポジウム「日本詩の魅力を再発見する　イヴ＝マリ・アリューへのオマージュ」に出席、「翻訳に抗するものとのしなやかな闘い」(Le Combat flexible contre ce qui est rebelle à la traduction) と題して報告する。他のパネリストは、ブリジット・アリュー、ドミニック・パルメ、中地義和、坂井セシル、司会は三浦信孝。詳しい内容は翌年刊行の日仏会館年報誌「日仏文化」に掲載。七月六日、ブリジット・アリューが京都大学人文科学研究所で、「日本詩を翻訳する喜び」Le Bonheur de traduire de la poésie japonaise と題して講演。講演草稿に加筆してまとめられた論考が、森本淳生の尽力により、同研究所の欧文紀要「Zinbun」第五十号に掲載される。講演会後、京大正門横のカフェテリアに、アリューゆかりの人々が多数つどい懇談する。八月、中原中也記念館特別企画展「富永太郎と中原中也」のパンフレットに「やさしき妹《いも》をめぐって」を書く。

二〇二〇年（令和二）　　七十八歳

一月、ブリジット・アリューの「わが夫イヴ＝マリ・アリュー」を、中原中也の会の「会報」に訳す。岩阪恵子詩集『鳩の時間』の書評を「現代詩手帖」に書く。

二〇二一年（令和三）　七十九歳

二月、昨年来、パリのパンテオンにランボーとヴェルレーヌを「対」にして祀りあげようとする動きがあることを知り驚くが、良識のある人々の反対によりことなきを得たことを知り安堵する。「新生」に「偉人たちの霊廟」を書き、事の顛末を振り返る。三月、左目の白内障手術を受ける。

二〇二三年（令和五）　八十一歳

九月、満年齢で盤寿を迎える。ただし将棋は近年は観るだけ。夏の猛暑と秋の残暑甚だしく、繰り返し母から聞いたわたしの誕生日直前の異常気象を思う。荷風「断腸亭日乗」を開けば、昭和十七年八月、九月の「耐え難いほどの暑さ」についての記述が目立つ。例えば「九月初八」の項。「残暑燬《や》くが如し。終日困臥。」空調設備のない時代の母の苦労を思い、十一月八日の命日に一輪の花を手向ける。

あとがき

思いがけなくも身のほど知らずの「自伝」らしきものを書き終えて、気づいたことがひとつある。ひとたびタイムマシンに乗るや、途中下車が出来なくなることである。寝床に就いていても、散歩していても、過ぎ去った日々のあれこれが、こちらも忘れないでくれ、と次々に訴えかけて来るのである。

もっともこれには、ほぼ三年にわたる新型コロナウイルスのパンデミックにより、閉じこもりに近い生活を強いられてきたことも、多分に関係していたように思われる。精神のありようが、いつにも増して、より内省的もしくは回顧的になっていたことは、やはり否めないからである。

発端は、京都大学人文科学研究所の森本淳生氏からの、日本ヴァレリー研究会のウェブ・サイトに「回想録」を書け、とのお誘いであった。ついその気になってしまい、学生時代の思い出やフランス文学事始めの経緯などをボツボツと綴り始めた。せいぜい四〇〇字詰原稿用紙にして四、五〇枚、のつもりだった。

ところが先に述べたような事情で、気がついたら予定の五倍ほどのものが仕上がっていて、われながら驚いてしまった。こうなった以上、冥土のみやげに書籍での出版を考えないではいられなくなった。森本氏に相談のうえ、四、五〇枚の電子版を別に作成することとし、同時に編集工房ノアの涸沢純平氏に出版の依頼をし、両氏のご了解を得て、問題は一気に解決した。ありがたいことである。

表紙カヴァーの写真について。ランボー家旧居跡のこの厠の扉を見たのは、これまで少なくとも六、七回に及ぶが、最後に見たのは二〇〇八年十二月のこと。その時はある会の団体旅行の案内役のような立場にあり、また現地での講演も請け負っていたので、慌ただしい旅の一齣であった。おまけにわたしは写真を撮るのが苦手なので、いつかいい写真が得られればと願っていた。

折しも二〇一七年の秋であった。友人の三野博司氏から、「南仏で開催されるカミュ学会に出席した後、妻と共に北フランスに旅をしたいが、ランボーの郷里シャルルヴィルの見どころはどこか」、との問い合わせを受けた。そこでいくつかの詩人ゆかりの場所を紹介した後、「例の厠を見つけてぜひ写真を一枚撮ってきて欲しい」、と依頼したのである。同氏のメモのよると、日時は十一月十四日の午前中とのことである。寒い日で、公爵広場のカフェで休んでいる時に、スマートホンを使って、わたしにライブ送信してくれたのであった。

この厠についてはさらに思い出すことがある。一九八六年の春であったと思うが、ソルボンヌ大学のピエール・ブリュネル教授の副学長室を訪れた際、俳優のレミ・デュアールに紹介された日のことである。熱心なランバルディアンであることはすぐにわかった。難聴のため舞台に立つことが困難になり、今は朗読に活動の主軸をおいている、とのことであった。ブリュネルさんの講義に特別出演して、時々、詩の朗読を披露したりすることもあるようであった。

誘われて彼のアパルトマンへ行くと、書棚はランボー関連のコレクションで占められていて、わたしの『ランボー私註』や『素顔のランボー』までが並んでいるのを見て、驚いたものである。その後、彼とはパリから日帰りでシャルルヴィルへの旅を二度ほど楽しんだ。快速電車コライユでの車中、例の厠に話が及ぶと、彼が即座に「初聖体拝領」の全篇一三〇行余りを暗誦してくれたことも忘れがたい。余談であるが、彼はビーガンではないが、徹底したベジタリアンであった。振り返ってみれば食に始まり食に終わった小著を閉じるに当たり、こんな些事までがふと思い浮かんだので、ありのままに記す。

末筆ながら、草稿に目を通していくつかの齟齬や錯誤を指摘してくださった福島勝彦さん、コリウールの写真を撮って送ってくださったブリジット・アリューさん、わたしの意を汲んで素晴らしい装幀をしてくださった森本良成さん、そしてわたしのこだわりとわがままをことごとく聞きいれて本書を実現し、「ノア叢書」に加えてくださった涸沢純平さん、これらすべての方々に、心から感謝いたします。

二〇二四年二月四日

宇佐美　斉

ノア叢書17
小窓《こまど》の灯《あか》り
——わたしの歩いた道
二〇二四年四月一日発行
著　者　宇佐美斉
発行者　涸沢純平
発行所　株式会社編集工房ノア
〒五三一—〇〇七一
大阪市北区中津三—一七—五
電話〇六（六三七三）三六四一
FAX〇六（六三七三）三六四二
振替〇〇九四〇—七—三〇六四五七
組版　株式会社四国写研
印刷製本　亜細亜印刷株式会社

ISBN978-4-89271-383-5
不良本はお取り替えいたします

表示は本体価格

ディアボロの歌 小島　輝正

〔ノア叢書1〕アラゴン・シュルレアリスムやサルトルの研究家として知られた著者の来し方を軽妙洒脱に綴る等身大のエッセイ集。　一九〇〇円

狸ばやし 富士　正晴

〔ノア叢書2〕老いについて、酒について、書中の旅、私用の小説、書きもの、調べごとなど「どうなとなれ！」ではない富士正晴の世界。　一六〇〇円

光っている窓 永瀬　清子

〔ノア叢書3〕明治生れの詩人が、父母から受けたもの、子供に伝えるもの、友情の支え、人の生きつなぎ、自然の慈愛を、てらいなく描く。　一八〇〇円

影とささやき 山田　稔

〔ノア叢書7〕作家で仏文学者の著者がさりげない日常風景の中に描く時代の光と影。フランスでの日々、師との出会い、小説仲間との交流。一八〇〇円

わが敗走 杉山　平一

〔ノア叢書14〕盛時は三千人いた父と共に経営する工場の経営が傾く。給料遅配、手形不渡り、電車賃にも事欠く、経営者の孤独な闘いの姿。　一八四五円

火用心 杉本秀太郎

〔ノア叢書15〕近くは佐藤春夫の『退屈読本』遠くは兼好法師の『徒然草』、ここに夜まわり『火用心』、文芸と日常の情理を尽くす随筆集。　二〇〇〇円

某月某日　シネマのある日常　山田　稔

極私的シネマ日誌。甦るあの日、この日のたたずまい、を彩るスクリーンの夢、忘れえぬ名画の数々—「北京好日」、「友だちのうちはどこ?」…二三〇〇円

沼沢地　佐々木康之

泣き笑いのような独特の味わいをもつ文章には、隠れたファンが少なくないだろう。その彼が「今生の名残」に本をこしらえた（山田稔）。二三〇〇円

物ぐさ道草　荒井とみよ

多田道太郎のこと　斬新な発想で、社会学、風俗学を拓き、俳句に至る表層主義の世界観。転々多田道太郎の不思議と魅力を身近に読み解く。二二〇〇円

別れ　沢田　閏

詩、小説、エッセイ、評論　ひとつの時代を、寡作に、真摯に生きた作家の、生のかたち。冬から春へ、ぼくのヴァイキング、オヤジとぼく。一九四二円

沙漠の椅子　大野　新

一個の迷宮である詩人の内奥に分け入り、その生的痙攣と高揚を鋭くとらえる、天野忠、石原吉郎、黒田喜夫、粕谷栄市、清水昶論他。二〇〇〇円

象の消えた動物園　鶴見　俊輔

私の目標は、平和をめざして、もうろくするということです。もっとひろく、しなやかに、多元に開く。2005〜2011最新時代批評集成。二五〇〇円

ノア叢書＝自伝的エッセイ集・年譜付　既刊

1　『ディアボロの歌』　小島輝正
2　『狸ばやし』　富士正晴
3　『光っている窓』　永瀬清子
4　『物言わざれば』　桑島玄二
5　『右往左往』　木村重信
6　『消えゆく幻燈』　竹中　郁
7　『影とささやき』　山田　稔
8　『人の世やちまた』　足立巻一
9　『新しい靴』　庄野英二
10　『京の夢大坂の夢』　山下　肇
11　『木洩れ日拾い』　天野　忠
12　『人の居る風景』　大谷晃一
13　『再読』　鶴見俊輔
14　『わが敗走』　杉山平一
15　『火用心』　杉本秀太郎
16　『わが夜学生』　以倉紘平